読みなおす日本史

江戸庶民の四季

西山松之助

吉川弘文館

目次

第一講　初　春

一　初　詣

今日から七回にわたり、主として江戸時代の庶民の生活文化についてお話したいと思います。最近は江戸の研究が専門的にもずいぶん広く深く発展を遂げてまいりましたが、これからのお話では、これまでほとんど問題にされなかったり、あるいは、海外にしかなくて見ることのできなかったりしたもので、しかもかなり重要な歴史的意味を持っていると思われるような事柄に重点をおいてお話していきたいと思っております。

ところで、江戸時代はたいへん長い平和の時代でしたので、江戸庶民の生活文化と申しましても、早い時代と中頃の時代と後の時代では、たいへん違いがあります。このセミナーでは、町人だけではなく、職人、それからいまの自由労務者に当たる出稼ぎ人とか、交通業者とか、そういう庶民が、文化の世界に関心を持ち、文化的な行動をしたり、芝居を見たり、盆踊りをしたり、あるいは盛り場に出かけるといったようなことが盛んに行なわれるようになってきた、江戸中期以降のことが中心になっていくと思います。ですから、事項によっては、早い時代はこうであった、というように時代をさかのぼることもございますが、だいたいは中頃以降の、庶民の力がかなり充実してきた時代の江戸の庶民たちが、どのような生活や文化活動をしたであろうかという話をしてまいりたいと思います。

まず今日は「初春」ということでございます。江戸の初春が現代と非常に違っておりますのは、一つは旧暦で行なわれたということです。第二は、当時は数え年で年齢を数えました。お正月になるとみんなが一つ歳を取りました。ですから、お正月は日本全国の人びとの誕生日でありました。そういう意味でお正月というのは非常に大きな節目になったのです。旧年を送り、新しい年を迎えてみんな一つずつ歳を重ねる。そして今年こそ立派で幸福な年にしたいものであるという願望をこめてお正月を迎えましたので、お正月というのは現代のお正月とはずいぶん違った大きな意味をもっていました。

ですから、お正月の行事は、いまと比べまして、きわめて豊かな風物が展開いたしました。まず具体的な資料で申しますと、これはかなりあとのものですが、天保五年（一八三四）に斎藤月岑《げつしん》と申します、神田雉子《きじ》町の町名主が『江戸名所図会《ずえ》』十巻、同七年に十巻と合計二十巻をつくりました。その『江戸名所図会』は、祖父・父・自分と三代にわたりまして、江戸の名所を具体的に細かく調査し、同行させた長谷川雪旦《せったん》という画家にあちこちの風景を正確にスケッチさせた写生図を載せた案内書です。そして、その副産物の一つが『東都歳事記』という本です。

この『歳事記』は、春が上と下、そして夏、秋、冬と五冊で構成されておりますが、そこに、お正月のことを詳しく書いております。当時のお正月にどういうことが行なわれたかということを具体的に知ることのできる、たいへんいい史料です。

これによりますと、江戸では三百近い大名と在国大名の留守居役が全員江戸城へ登城いたしまして、将軍に拝謁、年賀を申し上げるので、江戸の町は大賑わいでした。

これは侍たちのことでありますが、そういう大名たちの登城風景がくり広げられているのと同時に、朝早くから江戸の庶民たちは日の出を拝みに洲崎、芝高輪《たかなわ》の御殿山《ごてんやま》、あるいは神田明神などの、海岸や高台にたくさん出かけて行きました。

それから恵方詣《えほうもうで》とか、幸運を願っての七福神巡りといったものも、この時期から盛んになります。この七福神も古い時代はそうたくさんありませんでしたけれども、たとえば上野の寛永寺から不忍池《しのばずのいけ》のあたりに七福神がありました。やがて山の手の七福神、深川の七福神、浅草寺のあたりの七福神といったようなことで、方々に七福神ができまして、七福神巡りが盛んに行なわれるようになりました。

ちょうどいまの二月の節分というのが、旧暦のお正月になるわけですが、その前日の大晦日《おおみそか》には社寺などで鬼儺《おにやらい》の行事をいたしまして、そして新年を迎えると今度は修正会《しゅうしょうえ》というお正月行事が浅草寺などでも七日間行なわれました。そしてその間は毎晩この鬼儺をしたのです。

江戸時代の人は非常に信仰心が厚くて、神社やお寺によくお参りにいきました。もっとも、若い人たちは、浅草寺にお参りに行くといって、浅草に行かないで吉原へ行くとか、あるいは目黒不動にお参りに行くといって、三日間も品川の遊廓で遊ぶというようなことを盛んにやったりしました。

二　曾我狂言

当時の現代劇でありました歌舞伎では、新しい出来事をたちまち脚色して舞台で演じましたが、一方では、十八世紀の初期の宝永、正徳の頃から、お正月には中村座・市村座・森田座の江戸三座が、いずれも、曾我兄弟の芝居をするようになり、幕末までそれが続きました。これは非常に特異なことです。その曾我狂言に限って、三座とも太夫元《たゆうもと》と申します歌舞伎劇場の劇場主が「翁《おきな》」を舞いました。たとえば中村座では太夫元の中村勘三郎が、市村座では太夫元の市村羽左衛門が「翁」を演じたのです。森田座は森田勘弥が舞いました。このように江戸三座ではお正月に太夫元が「翁」を舞い、若太夫、つまり跡継ぎの人が「三番叟《さんばそう》」を演じるのが年中行事になっていました。これを「式三番《しきさんば》翁渡《おきなわたし》」と申します。このために何日も前からいろいろな打ち合せをいたしまして、立派な衣装をつけて、翁、三番叟を演じました。そしてそのあとで、「寿《ことぶき》狂言」、あるいは「脇狂言」と申しますものを演じたのです。これはたいへん由緒のある、その座だけしか演じない特別のレパートリーでした。中村座では『猿若』『新発意《しんぼち》太鼓』『門松』の三つです。市村座では『海道下り』、森田座では『仏舎利』がそれに当たります。

この三座は幕府の許しを得た劇場でしたが、はなはだ経営不振というときには、興行を休みます。その時は中村座に代わって都座、市村座に代わって桐座、森田座に代わって河原崎座という控え櫓《やぐら》が興行をしました。この控え櫓もお正月を迎えると、太夫元が「翁渡」をしました。そして都座、桐座、河原崎座の寿狂言というものも決まっておりました。中村座では六十年目に一度、寿狂言に『猿若』を演じました。ですから『猿若』は非常に重要なお芝居であったのです。六十年もたちますと忘れることが多いので、それを忘れないようにと中村座ではしばしば練習をして伝えてきたのですが、明治四十三年に中村明石が演じたあと絶えてしまいました。

そういう各座のお正月行事というのが、非常に厳粛に行なわれまして、そのあと曾我狂言が行なわれたのです。この曾我狂言は、曾我五郎、十郎兄弟の芝居でありますけれども、なぜ弟が五郎で兄のほうが十郎なのか、皆さん不思議に思われませんか。実はあの頃の武士階級では、名付け親にあたる烏帽子親《えぼしおや》という人がいまして、その人の名前を一字ないし二字いただいて名前を付ける風習がありました。曾我五郎の名付け親が五郎だったので五郎になり、兄の方は名付け親が十郎だったから十郎になったのです。

そしてこの五郎のほうがはなはだ威勢がよくて、荒事ぶりを演じます。これは曾我狂言に限らず、十一月の顔見世狂言でもすごい荒事ぶりを演じます。それが「暫《しばらく》」という演出法です。その主役も、たとえば竹抜の五郎とか、篠原の五郎とか、鎌倉権五郎景政といったように、いずれも五郎という名前が付いていています。この五郎というのは、これは御霊《ごりよう》から来た名前でありまして、古来の民俗信仰である御霊にルーツがあります。

たとえば、菅原道真を太宰府《だざいふ》に左遷して、自分の思うままの政治をしておりました藤原時平に対して道真の御霊がたたって、御所にたくさん雷が落ち多くの人が死ぬ、ということがございました。これは道真の荒御霊《あらみたま》の祟りだというので北野に天神さまが祀られるようになりました。歌舞伎では非常に早くそれを脚色いたしまして、『菅原伝授手習鑑《てならいかがみ》』の天拝山のところと大内の段では、道真の御霊がすごい祟りをする場面が演じられました。

江戸歌舞伎では、この道真の御霊という日本古来の荒々しい、そして善なる力が五郎という形をとって、悪い人たちを退治するという形で曾我兄弟の芝居が脚色されたのです。ですから、単に曾我兄弟の敵討ちということだけではなくて、日本民族の根っこにある思想を見事にデフォルメしたのが、江戸の団十郎が創演した曾我狂言なのです。その曾我狂言は、毎年行なわれたのですが、それには三座が新しいやり方、趣向を競いあって、そのために作者も俳優もたいへんな苦労をしました。

この芝居には「対面」という見せ場があります。まず舞台正面にある二重の段上には並び大名と呼ばれている大名たちがずらっと並んでいます。そして前の台上に工藤祐経《すけつね》、その傍に近江小藤太、八幡三郎という二人の家来、それから鯰《なまず》坊主、大磯の虎と同じく少将という二人の美しい遊女、そして朝比奈三郎が控えている。この朝比奈のとりもちで、花道の揚幕のところにおります五郎、十郎を呼び出して、曾我兄弟と祐経との対面が行なわれます。そういう場面がどこかに入り、そのやり方で面白さを三座で競いあったのです。

そして五郎がすごい荒事ぶりを演じるということになりますが、それがときどき非常に変わった趣向でなされます。たとえば正徳三年（一七一三）に、『花館《はなやかた》愛護桜』という芝居では、助六実は曾我五郎をここに登場させました。助六というのは、「実は曾我五郎」ということになっているのですね。これも非常に面白いと思います。さらに享保元年（一七一六）には『式例和《やわらぎ》曾《そ》我《が》』という芝居で、二代目団十郎が助六を再演いたします。そして三十三年もたった寛延二年（一七四九）に、三回目の助六を演じまして、これで助六劇が大成されたと言われています。『助六由縁《ゆかりの》江戸桜』は今年（一九八八年）の一月にも歌舞伎座で行なわれましたが、その中で河東節《かとうぶし》というのが、河東節連中によって演じられます。かつては江戸ッ子の旦那衆が団十郎を応援して出演したのです。私もその一人に加えていただきまして、この一月にも、十二代目の襲名のときにも、歌舞伎座の格子の中で河東節を演じました。助六は実は町人の代表のような存在で、大口屋暁雨《ぎょうう》という江戸の蔵前の札差がモデルと言われています。この町人が助六の恰好で吉原に行ったとか、助六の芝居には、吉原の人たちが紫の鉢巻を寄付したとか、魚河岸の旦那衆が助六の蛇の目の傘を寄付したとか言われているのですが、とにかくこの助六「実は曾我五郎」を江戸ッ子町人たちが、みんなで応援をいたしまして、歌舞伎劇が行なわれるというようなことでしたから、曾我狂言は舞台にかかる演劇ということと同時に、江戸の年中行事の一つといったような意味が非常に強かったのです。そこで、江戸の代表的な人びとは、太夫元の翁渡しや曾我狂言を見ないで齢をとるわけにはいかないということで、競って三座の芝居を見に行ったのです。

曾我狂言はこのようにして盛んに行なわれました。そのうちの一つ享保十四年（一七二九）の正月に『扇《すえひろ》恵方《えほう》曾我《そが》』という曾我狂言の中で、「矢の根」が初めて演じられますと、たいへんな大入りになりまして、ずうっと六月までも大入りが続きました。それで中村座では「矢の根」の倉が建ったと言われています。さらに宝暦四年（一七五四）に『百千鳥《ももちどり》艶郷《くるわ》曾我《そが》』という芝居で矢の根の五郎が演じられましたら、これがまたずいぶん大入り満員を続けました。そのときの中村座の座主の勘三郎は、これは西大寺の愛染明王の出開帳と結びついて大入りになったというので、お礼に西大寺へ矢の根の大きな額を奉納いたしまして、いまも残っております。

この「矢の根」はどういうお芝居かと申しますと、最初のところで、「〽去る程に曾我の五郎時致《ときむね》は、恵方《えほう》に向つてふとのつと、夫《そ》れ父の仇には倶《とも》に天筆《てんぴつ》和合楽《らく》、寿福開運万巻の、軍書の窓の北面は、残んの雪の朝みどり、春風春水一枝《し》の梅、くわつと開くや花の春、新らし椀のもの事に、あらたまれ共《ども》時致は、今年も古庵《ふるあん》古畳、古井といひし所にて、矢の根磨いて居たりける」というので、五郎がすごい恰好をして大きな砥石で長い矢を磨いているという場面で幕が開くのです。そしてこれは大薩摩《おおざつま》のたいへん勇壮な語り口で、大薩摩主膳太夫が演じました。そして作曲は七代目杵屋喜三郎です。その曲が非常にすばらしくて、この人は片肌脱ぎの緋縮緬《ひぢりめん》で三味線を弾いたという言い伝えが残っているのですが、舞台で出語りで大薩摩を演じました。

芝居の筋は、五郎が主膳太夫の年賀振舞酒に雑煮腹で、ついうとうとと眠ってしまいます。その眠りの中に、曾我の十郎祐成が、工藤の館に囚われているから助けにきてくれという夢見せがありまして、ちょうど通りかかりました大根を売りに行く農民の馬を借り、それに乗って、大根を鞭にして花道を助けに向かう、といった他愛ないものですが、非常に曲が勇壮で人気があり、いまもしばしば行なわれます。その助けに行くところの文句なども、歌舞伎の荒事芸の言葉がそっくりここに用いられています。

「東は奥州外ケ浜、西は鎮西鬼界ケ島、南は紀の路熊野浦、北は越後の荒海まで、人間の通はぬところ千里も行ケ、万里も飛べ、イデ追ひ駈けんと時致が、勢ひ進む有様は、恐ろしかりける次第なり。」

そういう形で、荒事のいわば一つの典型が演じられるというのが、正月の江戸の人びとがみんな競って見に行ったお芝居でした。

三　路上の賑わい

正月の町ではどんなことが行なわれていたのでしょうか。『歳事記』を見ますと、その最初のところに「初春路上図」があります。これは日本橋の正月風景です。そこに三河万歳の、烏帽子をかぶった太夫とその相棒の才蔵が描かれています。当時は大晦日に日本橋の南詰をちょっと江戸橋のほうへ行った所に才蔵市というのがたちまして、三河万歳の太夫さんがそこに並んでいる才蔵たちのなかから適当な人を選んで契約して、翌年の三月か四月頃までペアで働くということをいたしました。

それから、この絵には、笠をかぶって三味線を弾いている女の人が描かれています。これは鳥追いです。鳥追いというのは、お正月だけ歌を歌って稼ぎ回った門付《かどづ》けの芸人のことです。この絵では顔がよく見えますけれども、顔がなるべく見えないように深く笠をかぶって、黄八丈などのたいへんいきな着物を着て歩いたのです。そうしますと、男性の目には誰でもたいへん美人に見えるのです。ですから鳥追いが来て三味線を弾いて歌を歌うと、ついついお金をはずむというので、家庭で悶着が起きるというようなことがあったようですが、江戸の正月の一般的な風物でした。

それから太神楽《だいかぐら》は、ここには描かれていませんが、やはり伊勢からまいりまして、そして江戸では、三河万歳も太神楽も、だいたいお得意の大店《おおだな》は決まっておりました。そういう大店では、お正月に緋

初春路上図（『東都歳事記』より）

毛氈を敷いて、そこで朝早くから太神楽を演奏したり、三河万歳がきて万歳をやりました。万歳では「神力」とか「徳若」といったようなめでたい曲を演じて、福を舞い込ませるということをしたわけです。

それから町では道中双六《すごろく》を売ったり、白酒を売ったり、面白いのは、宝船というのを売り歩きました。これは一日と二日だけでしたが、宝船に乗った七福神が描かれていて、その七福神の上に「長き夜の遠の眠りのみな覚めて波乗り船の音のよきかな」という歌が書いてあるのです。これは始めから読んでも逆から読んでも、全く同じものです。こういうのを回文と申しますが、これをお宝、お宝といって売り歩いたそうです。枕の下にそれを敷いて寝ると、初夢に一富士、二鷹、三なすび、といういい夢を見るということで、みんな宝船を買ったと申します。

それからしばらくたちますと、正月の初寅の日に毘沙門参り、それから初卯の日に亀戸の妙義詣というのがありました。ここでは鷽替《うそかえ》という行事が行なわれました。鷽替というのは、歩いていて誰かにわざと突き当たりまして、その人と木彫りのウソを取りかえるのです。当たられますと、取りかえなければならないということになっていました。だから心を寄せているような女性とか男性とかに、いまみたいに電話でデートの打ち合せをするなどということのできない時代ですから、この初卯の日に出かけて行って、そういうことをやったらしくて、たいへんな人が集まりました。亀戸の天神様から大川橋のあたりまでずうっと人の列が続いたと、『東都歳事記』には書いてあります。

この本にはさらに日を追って次から次に、参詣縁日が書いてあります。十日の日には十日恵比須《えびす》であるとか、金毘羅《こんぴら》詣とか。月岑は毎月十日に、虎の門の京極家のお屋敷の一隅の金毘羅神社に必ず参詣しました。浜町には熊本の細川侯の下屋敷があって、そこの清正公神社がたいへんな人気でした。

それから正月には双六とか、百人一首とかが売られますが、江戸時代では正月が新刊本の売り初めでありまして、もう十月、十一月頃に本はできていても、正月元旦に本を売りだしたのです。旧年中に、今度は面白い本が売り出されるそうだといったような評判を流したりしながら、お正月に新本を売り始めまして、それがもう文化・文政頃には、たちまち一万何千部も売れるというようなことで、版木を何度も彫り直さなければならないといったようなベストセラー現象が現われました。

百人一首なども、いろいろな百人一首がございまして、たとえば狂歌の大田蜀山人が仲間と共に出しました『狂歌百人一首』とか、あるいは北斎が作りました『烈女百人一首』。これなんぞ私も子供の頃、一に板額《はんがく》、二に巴御前、三に更級《さらしな》というふうに、烈女の名前を祖母から子守歌に聞いて、よく覚えていたのですが、現在は、三に更級までしか思い出せません。

その他、『川柳百人一首』『よしこの節《ふし》の百人一首』『都都逸《どどいつ》百人一首』といったように、いろいろさまざまな百人一首が、お正月に売り出されました。

四　絵　　暦

このように、お正月にはいろいろな行事が行なわれたのですが、今日はおそらく皆さんがいままで見たことがないと思われます、お正月の珍しいものを二つ紹介したいと思います。

一つは絵暦《えごよみ》であります。もう一つは刷物、一枚刷という刷物でございます。

この絵暦というものは元禄、宝永、正徳頃からぼつぼつ制作されるようになりましたけれども、たいへん盛んになったのは明和二年（一七六五）からです。この絵暦は、現在、東京の国立博物館に約三千七百枚残っています。明和二年から享和四年までのものです。大きさはだいたい葉書ぐらいの大きさか、その半分ぐらいのもの、あるいは四分の一ぐらいのものなどが普通ですが、なかには少し大

きいものもあります。この他にもかなりたくさん伝わっています

絵暦が作られるようになった事情ですが、江戸時代は陰暦でしたから、毎年大の月（三十日）と小の月（二十九日）が違っていました。そして五年ないし七年に一度、閏月《うるうづき》がありました。閏月の家賃は払う所と払わなくてもよい所とがありました。ですから来年は閏月がいつで、どの月が大・小の月なのか、ということは重要な問題でした。そのことは、伊勢神宮の暦などを見ればみんなわかるのですけれども、それでは面白くないので、例えば団十郎の顔の絵で大小の月を表わしているような暦だと楽しみながらわかるので、そういう絵暦を贈られた人は喜びました。そこで表現法・発想の妙・色合いの美しさ、といったものを競い合う、大小絵暦のコンクールが始まったのです。

明和二年に旗本の大久保甚四郎巨川という人が大小会コンクールをはじめました。この人は俳句もうまいし、絵もうまいし、たいへんな文化人でした。彼が、鈴木春信に、こういう絵を描けといった注文をいたしまして、明和二年の大小絵暦の会で初めて春信が多色刷りの絵暦をつくって披露したのです。ちなみに、この絵暦の会のことは絵暦会と言わないで、大小会と言いました。今の浮世絵の多色刷りは、最初は絵暦から始まったのです。

この大小会に集まった人は、大久保巨川をリーダーとして、浮世絵師では、春信とか、のちには歌麿、そのほか平賀源内、森島中良、桂川甫周、三井親和《しんな》、窪俊満といった人たちがいました。

この絵暦は、日本の古典、俗説、流行、人気俳優とか、あるいは昔の有名な歌や俳句、名画あるい

は甲乙丙丁戊……の十干、子丑寅卯……の十二支、動物とか花、七福神とか、八景とか名所など、それこそいろいろさまざまで、誰でもよく知っているようなものを巧みに造形化したものであって、しかもそれはすばらしいクイズになっているのです。このクイズは奇想天外でまことに優秀なものです。この絵暦の大小会では、発想の見事さ、そして表現の巧みさで一等、二等を決めたのです。このコンクールがきっかけとなって絵暦が大流行しました。

絵暦を作らせた人は細川重賢のような大名をはじめ旗本大久保巨川とか有力町人たちで、描いたのは主として浮世絵師その他の画家です。鈴木春信、司馬江漢、三井親和、湖龍斎《こりゆうさい》、宋紫石、勝川春章、歌川豊春、鳥居清長、北尾政美、鍬形《くわがた》蕙斎、豊国、北斎、窪俊満・俊英、蔦屋《つたや》重三郎、そのほかものすごくたくさんの人が作っています。

それでは絵暦はどういうふうに表現されているのか、具体的に説明をいたしましょう。ただこのことはすでに私の『江戸文化誌』（岩波セミナーブックス）の最初の「大小絵暦」で述べましたので、ここには、それと重複しないものを、若干あげてみましょう。

これは明和七年の絵暦です。「大どらもの」と書いてありますから、大の月を表現している寅です。笠に正月の正が書いてあります。襟が三で、ひざが六です。背中に八、十、十二とあり、刀が十一です。つまり明和七年の大の月である正月、三月、六月、八月、十月、十一月、十二月、そして水の波のところに、かのととら（庚寅）と書いてあります。明和七年寅年の絵暦を、吉原通いの猪牙《ちよき》船に乗って、墨田川を急ぐ大どら（放蕩）者で表現しています。

これは明和六年の大の月、二月、五月、八月、十月、十一月、十二月を、八幡宮という字で表現した絵暦です。

これは、海老で船を表わしまして、帆には団十郎の三升《みます》の紋が描かれておりますから、やはりお正月の団十郎の曾我狂言にちなんだものの一つで、安永二年（一七七三）の大の月、すなわち二月、三月、四月、五月、七月、十月、十二月の絵暦です。

これは安永六年の酉年の大の月を鶏で表現しています。これはすぐわかるでしょうから、説明は省略します。

これは大の月と小の月を、この茄子の刺《とげ》の大と小で表わしています（二五頁図参照）。正月、二月、五月、八月、十月、十一月が安永八年の大の月で、この小さなのが小の月です。

これは丑の年の大の月を「暫」で表わしています。これは新年がよい年であることを願っての予祝の行事でもありますから、それで団十郎の「暫」がよく絵暦に使われているのです。これもわかりやすいものですから、もう説明をするまでもないと思います。天明元年（一七八一）の大の月でございます。

これは扇子で顔を隠しております。正月の正とか、なかなか面白いですね。天明三年の小の月、すなわち正月、三月、六月、八月、十月、十二月を表わしています。

明和七年の絵暦（西山模写）

明和六年の絵暦（西山模写）

安永二年の絵暦（西山模写）

安永六年の絵暦（西山模写）

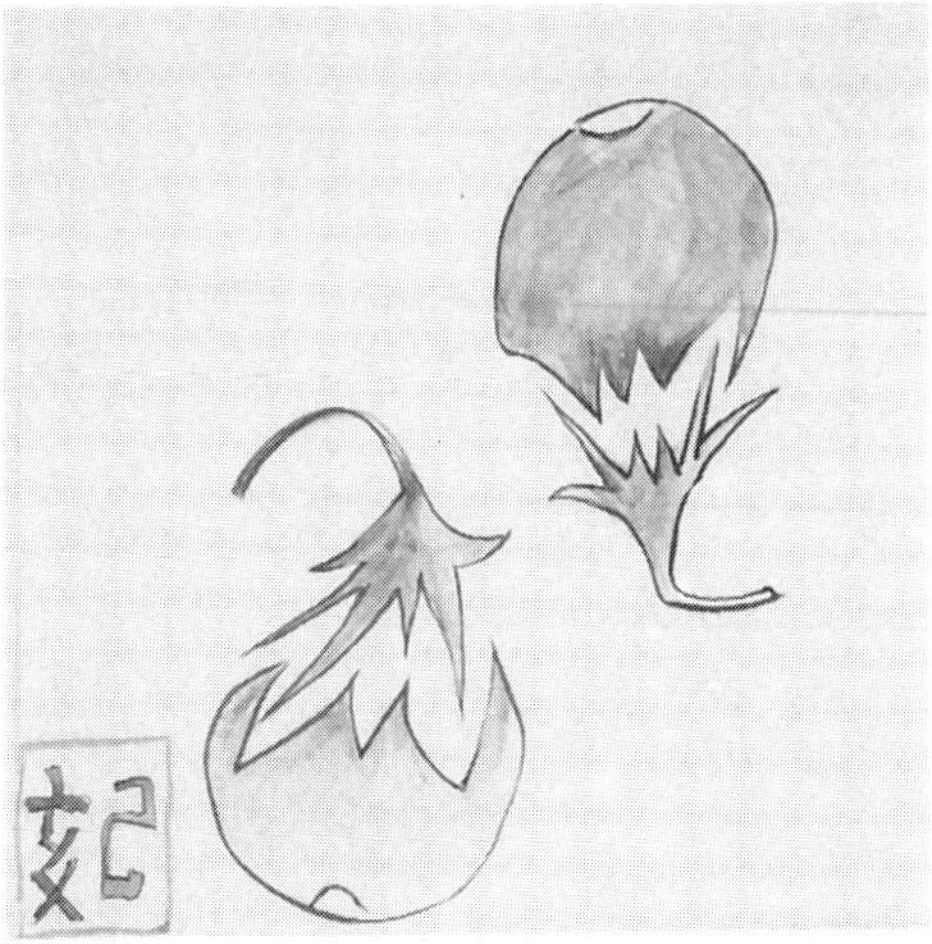

安永八年の絵暦（西山模写）

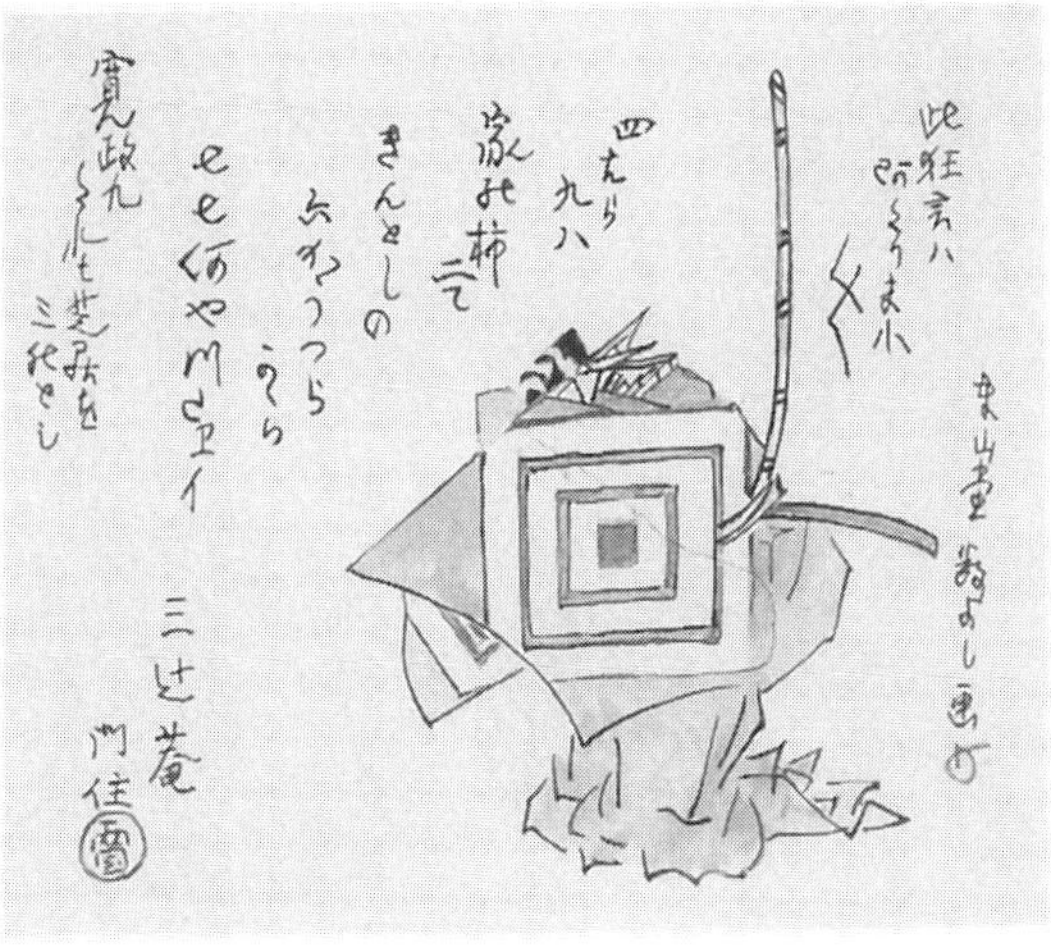

寛政九年の絵暦（西山模写）

いまはあまり行ないませんけれども、江戸時代はお正月に七草炊きということをよくいたしました。それでこれは「賑やかに囃す拍子も面白く七草ナズナ祝う正月」という和歌の中に正月、二月、四月、六月、七月、九月と霜月の十一月というのが隠されているのです。絵とは別に関係がないのです。

これは寛政九年（一七九七）の絵暦ですが（二五頁図参照）、此狂言はあたりま小《せう》、あたりま小《せう》と、つまり小の月だということをまずここで表現しております。「暫」の団十郎の大きな三升《みます》の紋がありまして、長い二メートル三十センチもあるような大きな太刀を描いてあって、そして「四《し》はら九《く》八家の柿二てきんとしの六《む》かうつらから七七《なな》何やつだヱイ」と書かれています。四、九、八、それから二、六、七、七とありますから、これは閏《うるう》七月ということでありまして、寛政九年の小の月をこの文句の中に表わしているのです。こういう絵暦もあります。

いろいろさまざまな表現方法があるわけですが、絵暦の表現法というもののごくアウトラインはこれでおわかりいただけたかと思います。

こういう非常に知的で遊戯性に富んだクイズというものが盛んに行なわれたのです。しかも即興が非常に巧みに行なわれました。そしてデザインが実に巧妙なのです。いま、日本のいろいろなデザイナーの方が、世界のデザイン界で活躍しておりますけれども、そういう伝統というのはもう江戸時代にあるということが言えると思います。

と同時に、また当時の人びとは、日本の伝統的な古典とか、俗説、十二支などをよく理解しておりましてそういうものを駆使しました。特に謡曲を通じて『伊勢物語』『源氏物語』、あるいは『太平記』『曾我物語』などの世界によく通じていたのです。そういうことを踏まえた上で、自由自在に発想を飛躍させながら、大・小の月を造形化していったということができると思います。

五　一枚刷

絵暦の文化が発展して、今度はお正月の一枚刷というものになります。ところが、これは残念なことに、日本にはほとんど残っていません。絵暦も外国に浮世絵としてずいぶん流れて行っておりますが、一枚刷というものは日本にほとんどないのです。

アメリカのスペンサー・コレクションの中には一枚刷が、数は数えませんでしたけれども、こういう一冊の本になるほどの量があるのです。それからベルリンの国立博物館の東洋美術館に四百枚ばかりの一枚刷があります。昨年の六月頃そこの副館長シュミットさんが、定年退職記念としてすぐれた一枚刷を百枚展示したいが、字が読めないので、日本に楢崎宗重先生を頼ってこられたのですが、先生はこの字は苦手だというので私に読んであげてくれと頼まれました。そこで私は間もなく判読し、それを原稿にしてさし上げ、シュミットさんにたいへん喜んでいただきました。そのうちの幾つかの写真をここへ持ってまいりました。

一枚刷は、まず狂歌がありまして、その狂歌の心を絵にして表現したものです。これは、「初夢にみし弁慶の不動尊覚めて嬉しき春の曙」という団十郎の狂歌を五渡亭国貞が絵にしております。

それから北斎の弟子に北渓というのがおりまして、この人の一枚刷がたくさんあります。彼は一枚刷ではもっとももよく活躍した名手です。全部これは北渓の絵です。北渓などという絵描きは日本ではほとんど知られていないのですけれども、ベルリン国立博物館にたくさん残っているのです。みんな故事来歴を狂歌にうまく詠み上げて、それを絵にしたものです。

これが「矢の根」です。矢の根の大根を描いているのですが、矢の根の五郎は大根を鞭にして行きますので、発想が非常に面白いですね。これも北渓のものです。

これはなかなか読めなくて非常に苦労したものなのですが、さっきの『東都歳事記』の日本橋を見ておりますと、日本橋の擬宝珠《ぎぼし》にお正月の飾り物の、ユズリハやそれから裏白がくくりつけてありましたが、これは橋の欄干のところに大きな三日月がかかっておりまして、ここに金泥で狂歌が書いてあるのです。その文字がなかなか読めなくて、たいへん苦労をしたのですが、「かつらおの乗りそめすらし三日月の船を霞の海に浮かべて宝屋タマオ」と書いてあります。

それから皆様のお手元に一枚摺のコピーをお配りしていますが、これは今年の三月頃、ホールマークという、アメリカのたいへん大きなカード会社がありまして、世界一だそうですが、そのホールマークがグリーティングカードの起源は日本だったというので、アメリカのスペンサー・コレクションの中から、向こうで適当に選んだ一枚刷を十枚送ってきまして、銀座の伊東屋でその展覧会をいたしました。その時に私は伊東屋から、絵に添えられている狂歌をどう読むのか教えてほしい、ついでにその内容がどういうものであるか、解説も書いてほしいと頼まれましたので、それを判読して解説を付けました。

これは上のところに赤く、南嶺画、俊満製と書いてありますが、窪俊満は一枚刷や浮世絵で大活躍します。酉年の一枚刷ですけれども、お正月の春駒です。

次のは反物が幾つか重なっております。辰斎の絵ですが、このいちばん最後の、「青柳の萌《もえぎ》かへしもまださむきあられましりの小もんちりめん」という歌の「萌」という字が原画ではなかなか読めなくて、非常に苦労しました。

それから両国広小路の盛り場、西両国、ずっと向こうのほうに永代橋、そして富士山が描かれている絵には、「千金とさためし春の価さへ江戸は幾万両国の橋」という狂歌が添えられています。これは寿室諸実――ジュムロ・モロミと読むのだろうと思いますが――、室の中でモロミをつくるというふざけた名前の狂歌師の歌を絵にしたものです。

ここに松に鶴の絵がありますが、この字も原画では非常に読みにくかったものです。これは、「こたひ我門人となり改名せしを賀して」とありまして、「四方に名をひらく薫りや梅の春　秀佳」という狂歌が詠まれています。秀佳というのは坂東三津五郎です。その秀佳の弟子が、「有かたき師の志

を侍る　嘉六改三介」「松に添ふて立や霞の日の恵　鶯やこれも同しく月日星　杜若」。杜若というのは岩井半四郎で、これは目千両と言われた、この時期の女形の第一人者でした。それから「うくひすの其名をあけよ真乳山《(ママ)》三幸」とありますが、三幸は半四郎の弟子です。「ねがふ名を受とつたりや園の梅　反古庵白猿」。反古庵というのは五代目団十郎です。そしてそれに北斎が、「画狂老人北斎画」として二羽の鶴と三羽の雛鶴を描きました。つまり親鶴は秀佳と杜若であり、そこに弟子入りをした弟子たちが雛鶴で餌をもらって育てられている趣向です。

一枚刷というのは、このように名披露目とか、お正月といった、おめでたいときに、狂歌の意味を絵で表現して、それを配ったものなのです。

この展覧会のためにホールマークの重役が来日して、伊東屋の社長室で、私がいろいろな一枚刷について解説しました。日本の一枚刷は、北斎の絵とか、国貞の絵とか、あるいは湖龍斎の絵とか、そういうものが主体なのではなくて、あくまで狂歌が主体であって、その狂歌の心を巧みに絵に表現したもので、共同作品としての芸術だということを申しましたら、その重役が、グリーティング・カードもその通りで、文字が第一で、絵はそれをいかに助けるかという形の共同作業であって、そういう意味で一枚刷の説明はよくわかると言って、感謝してくれました。

最後、説明がやや不十分でしたが、絵暦にしても、一枚刷にしても、江戸の明和、安永、天明の頃から行なわれました木版技術、そして庶民のクリエーティブな創造性、奇想天外な知性のひらめき、といったものが相まって日本の古典、あるいは古画、あるいは名歌、名句、謡曲、そういった広範な文化を自由に駆使して、まことに見事な世界を切り開いた芸術でありまして、そういう意味で、この頃には庶民生活というものは、かなり高度な展開をとげていたと思われます。

第二講　信　仰

一　涅槃会

今日は第二回目です。「信仰」という題でそこに項目を掲げておきましたが、一つの項目だけでセミナーの一回分としてもいいほど盛り沢山になっております。

歴史的に見ますと、江戸時代の信仰は、神道・仏教の他には、キリスト教が禁止されておりますから隠れキリシタンしかありません。それはともかくとして、江戸時代には優れたお坊さんがいないと言われますが、しかしたとえば寛永時代の禅僧、沢庵《たくあん》とか江月《こうげつ》、それから一絲《いっし》という人たちは非常に優れたお坊さんでありますし、元禄時代の慈雲や宝暦の頃を中心として活躍しました禅僧の白隠《はくいん》という名僧もいました。

今日お話しようと思います傑僧は、江戸の六地蔵を完成いたしました地蔵坊正元です。この人こそ私はほんとうにすばらしいお坊さんだと思います。

お坊さんだけでなくて、庶民の信者たちが非常に純粋な精神で信仰生活を送ったということが一つと、もう一つは江戸に人口百万をはるかに越える大都市が成立しまして、この大都市の中における宗教活動というものが、一面では非常にレクリエーション的な要素をもち、またお寺、あるいは神社などの側がきわめて実利主義的な運営を始めたのにもかかわらず、多くの人が神社仏閣に大挙して参拝をしたということ、この二つが今日お話してみたい中心点であります。

まず最初に涅槃会《ねはんえ》というのを掲げておきました。この涅槃会と申しますのは、二月の十五日がお釈迦さまが涅槃に入った、つまり亡くなった日でありまして、どのお寺でも涅槃会というのが非常に盛大に行なわれました。

ここに持ってまいりましたのは、浅草寺が、信者に売っておりました涅槃図です。いまも、特にお願いすれば、手に入れることができます。お釈迦さまの北枕で西向きの、亡くなりましたときの姿絵です。お釈迦さまの周りに多くの人たちが泣き悲しんでおりまして、そしてこのあたりには百獣、百鳥、百虫とあらゆる生物が泣き悲しんでいる絵です。いまは二月十五日といっても、涅槃図をかけて、信仰生活を送ろうという人はあまりいないと思います。

二月十五日になりますと、浅草寺で涅槃図をかけて、涅槃会がいまも行なわれますので、私は毎年浅草寺の涅槃会にお参りすることにしております。

涅槃会は、江戸の至るところで盛んに行なわれましたので、江戸の市民たちは、その日は方々へお

浅草寺の涅槃図

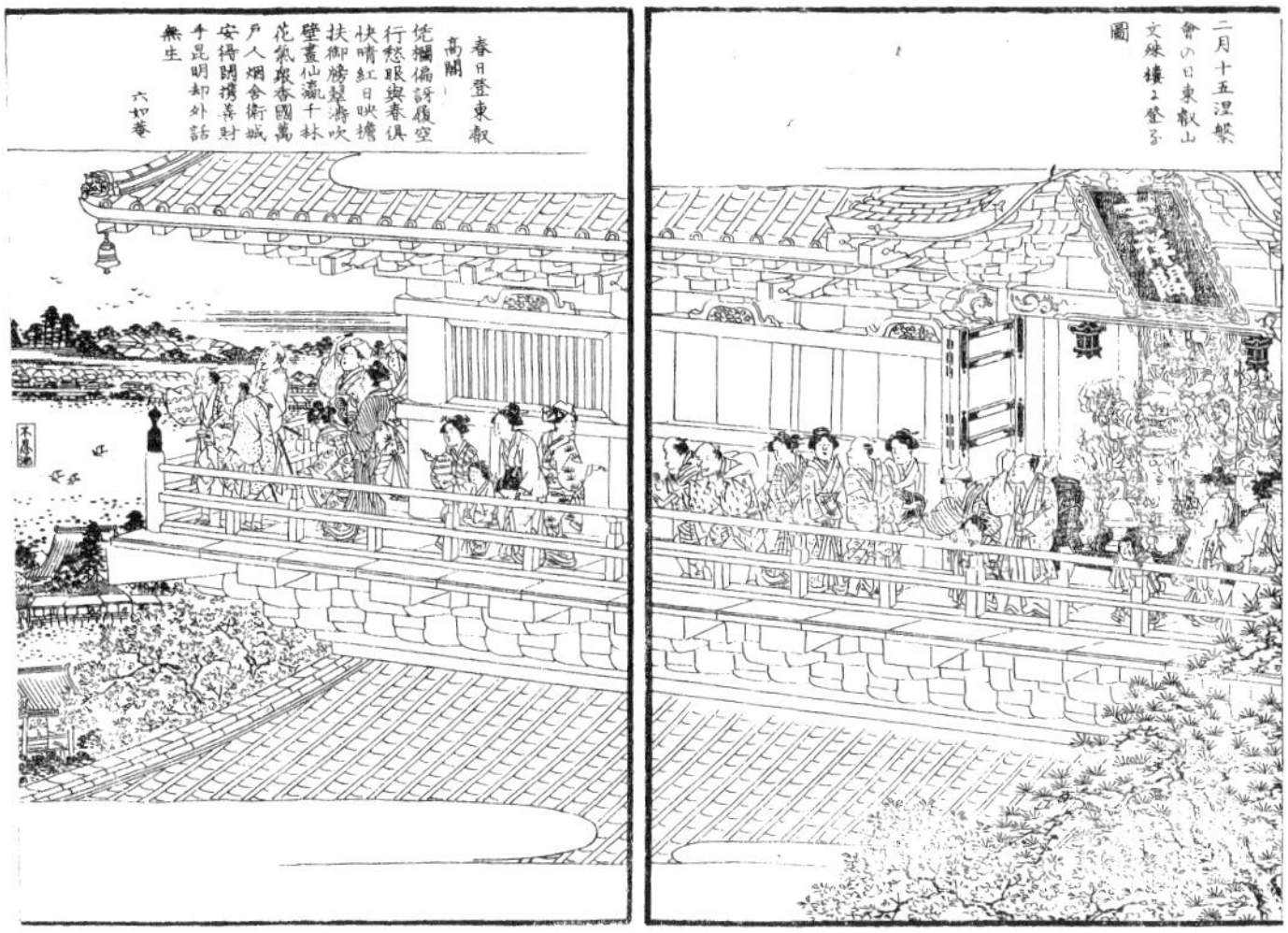

寛永寺涅槃会風景（『東都歳事記』より）

参りに行きました。特にこの日は、増上寺とか、寛永寺とか、浅草寺などの有名なお寺の楼門、仁王門へ登ることが許されましたので、多くの人が涅槃図のあるお寺へ参詣したのであります。

これは、『東都歳事記』に描かれた寛永寺の文殊楼に多くの人が上っている図ですけれども（上図参照）、こういう図が物語るように、たいへん多くの人が、その日だけ、二階の欄干の周りをぐるっと回ることができて、そこにお祀りしてあります仏さまを拝むことができました。

たとえば護国寺には狩野安信のものすごく大きな涅槃図がありまして、大きな木の足代《あじろ》を組んで、何十メートルという高さからその大きな絵をかけて、それを拝みました。これはあんまり大きいので、この『東都歳事記』が出ましたり天保九年の頃には、危ないといってかけなくなったということが書いてありますけれども、そういう涅槃図をあちこちへ拝みに行きました。

私の住んでおります小日向に、有名な法華経の文字だけで描きました五百羅漢の絵のあるお寺がありまして、いまは練馬のほうに移ってしまったのですが、それを涅槃会の日に拝ませるというので、二月十五日にはたくさんの人がお参りしたという記録があります。

もう二十年も前のこと、まだ私が東京教育大学におります頃、ドイツ語の石塚敬直教授が私の研究室へドイツのケルン大学の東洋学の研究者ヨリンデ・エベルトさんという女性を連れてこられました。このエベルトさんが、神保町の古本屋、あるいは古美術商などを歴訪しまして、涅槃図だけを集めて、百枚以上コレクションを持って、私の部屋へ見えたのです。そのエベルトさんの持っておりました涅槃図は、歌麿とか、広重とか、あるいは国貞、国芳、北斎などといった有名な浮世絵師たちが描いておりまして、いろいろなお寺の涅槃図でした。どれも必ず北枕で西向きなのです。いろいろな涅槃図が売られていたようですが、お寺の収入源にもなっていたのでしょう。

二　六阿弥陀・三十三所観音

いまは三月の春分の日がお彼岸ですが、旧暦では二月の涅槃会の少しあとがもうお彼岸でした。このお彼岸には、六阿弥陀にお参りをするとか、あるいは三十三所の観音巡りなどを盛んにいたしました。

六阿弥陀詣は六ヶ所の有名な阿弥陀さまのお寺へお参りすることです。十返舎一九が『六阿弥陀詣』というたいへん面白い小説を書いております。『東都歳事記』には五番、四番、三番、一番、二番、六番と回るのがよいと書いてあります。下谷《したや》の広小路の常楽院が五番、四番が田端の与楽寺、三番が西ヶ原の無量寺、一番が豊島村の西福寺、二番が下沼田の円明院、六番が亀戸の常光寺です。月岑の日記を見ますと、やはりお彼岸になると、六阿弥陀によくお参りしています。母親を駕籠に乗せて巡拝したり、家族と一緒に六阿弥陀全部にお参りをしたりしています。

次に三十三所と申しますのは、これは江戸のあちこちにありました。近松の『曾根崎心中』は、いちばん最初が観音巡りの場面です。そして、お初・徳兵衛の二人が大坂の市内に設けられた三十三所の観音さまを巡り終ったところで、観音さまの功徳によって、二人の恋が冥土の旅の土産になる、「渡して救う観世音」で、結ばれています。ですから、元禄以前に大坂では、市内に三十三所の観音さまが移されているのですが、江戸でももうその頃、三十三所観音が市内のあちこちにつくられていました。『東都歳事記』第五巻の巻末付録に「江戸三十三所観音巡り」がいろいろ記載されています。一番が金龍山浅草寺、二番が浅草駒形堂、三番が深川三十三間堂、四番が目黒滝泉寺……というような三十三所、あるいはまた別に湯島の円満寺から始まって、深川の三十三間堂で終る三十三所、それから山の手三十三所観世音とか、近世江戸三十三所観世音、また田原町の崇福寺から始まって、今戸の安昌寺に終るというコースもあります。

その他、上野から王子、駒込へんの三十三所観世音、葛西三十三所観音巡り、それから浅草三十三所、深川三十三所、西方三十三所といったものもございますし、変ったところでは、東京大学の農学部のところを少し向こうへ行って右へ曲がり、農学部（旧水戸家中屋敷）に突き当たって、また左へ曲がると左側に願行寺というお寺があります。このお寺は、いま東大の座禅会の会場というような看板をかけたりしておりますが、大山の石尊さまをお祀りしてあったり、文京区のいろいろな人たちの菩提寺でもある有名なお寺です。この願行寺の正面本堂の右側に、観音さまが三十三体一ヶ所にまとめて祀られています。ですからあっちこっちぶらぶら歩かないで、願行寺へお参りすれば、西国三十三所が一度で巡礼できたわけです。西国三十三所は那智の紀三井寺が一番で、美濃の谷汲寺が三十三番で終りになります。

というようなことで、江戸のお寺参りというのは、きわめて盛んに行なわれておりました。そのような、人びとの純粋な信仰生活というものは、明治以後、日本の天皇家の権威が非常に大きくなりまして、信仰上もたいへん歪められてしまう点がたくさんありました。例えば『教行信証』という親鸞の著わした本が戦後（一九七一年）、岩波書店の「日本思想大系」の『親鸞』の巻に収載されましたが、その『教行信証』を読んで、私は目を覚まさせられる思いがしました。戦前の『教行信証』を読んでおりましたときには、全くわからないことでしたが、親鸞の自筆本が西本願寺にあって、その自筆本がこの本で翻刻されたのです。その自筆本の最後の奥書に、親鸞自身の非常に激しい主張が告白されているのです。たとえば、「竊《ひそ》かにおもんみれば、聖道の諸教は行証ひさしく廃《すた》れ、浄土の真宗は証道いま盛りなり。しかるに諸寺の釈門、教に昏《くら》くして真仮《しんけ》の門戸を知らず、洛都の儒林、行に迷ふて邪正の道路をわきまふることなし。ここを以て、興福寺の学徒、太上天皇［後鳥羽の院と号す］〈諱《いみな》尊成《たかなり》〉、今上《きんじやう》［土御門の院と号す］〈諱為仁《いみなためひと》〉聖暦、承元丁卯の歳、仲春上旬の候に奏達す。主上臣下、法に背き義に違《ゐ》し、忿《いかり》をなし怨を結ぶ。これに因《よ》りて、真宗興隆の大祖源空法師ならびに門徒数輩、罪科を考へず、みだりがわしく死罪に坐《つみ》す。あるいは僧儀を改めて姓名を賜ふて遠流に処す。予はその一なり。しかればすでに僧にあらず俗にあらず。この故に禿《とく》の字を以て姓とす」と書いてあるんです。つまり、上皇といえども、天皇といえども、仏法に背いて、大法を興したところの法然上人並びにその門下たちを処罰したなどということは、まことに痛憤おくあたわずという、実に激しい言葉で書いてあるのです。

そういうことは、太平洋戦争に向っている頃の銀杏本には、全く記されていませんでした。しかし江戸時代には、『武烈天皇　艤《ふなよそおい》』という脚本を読みますと、天皇が悪逆無道の暴君に脚色されていますす。そういうことが、平気で行なわれていました。そういう意味では、江戸時代は、将軍家に対しては非常に気をつかいましたが、天皇家とかその他日本の古い時代の権威に対しては、きわめて自由でした。

私は非常に熱心な親鸞の浄土真宗信者の家に育ちましたので、『教行信証』の行の巻にある「正信念仏偈《げ》」という六十行、百二十句のお経に親しんできました。私は、いまは禅宗なのですけれども、この「正信念仏偈」だけは子供の時に暗誦し、今も優れたお経として、いつも唱えているのですが、その中でも特に、「源信広開一代教　偏帰安養勧一切　専雑執心判浅深　報化二土正弁立　極重悪人唯称仏　我亦在彼摂取中　煩悩障眼雖不見　大悲无倦常照我（源信広く一代の教を開きて　ひとえに安養に帰して一切を勧む　専雑の執心、浅深を判じて　報化二土正しく弁立せり　極重の悪人はただ仏を称すべし　われまたかの摂取の中にあれども　煩悩眼を障《さ》へて見たてまつらずと雖も　大悲倦《ものう》きことなくして常に我を照らしたまふといへり）」の句を大事にしています。

つまり浄土真宗というのは、法然の浄土宗と非常に違って、とにかく阿弥陀さまが絶対であって、自分は阿弥陀さまに助けられているのだということを信じていなくても、阿弥陀さまは助けてくださっているのだ、という教えなのです。

これは時宗《じしゅう》の一遍も同じことでありまして、時宗の一遍は、高野山で弘法大師が書いた「南無阿弥陀仏」というお札を持って、全国をずうっと説教してまわるのですが、熊野まで行って説教しましたけれども、そのとき熊野道者から、自分はそんな「南無阿弥陀仏」なんかいらないといって拒否されるわけです。弘法大師の書いた「南無阿弥陀仏」でも断る人がいるというのは、いったいどういうことかというので、一遍は熊野本宮の証誠殿に籠って、二十一日間の修行をするのです。そして二十一日目に翻然と悟りましたのは、「南無阿弥陀仏」を断る人がいても、阿弥陀さまはその人を救っているのだ、ということなのです。つまり親鸞と同じ心境になって、それから一遍は、畳の上に生活しないで、樹下石上を棲家として全国を遊行《ゆぎょう》して歩くのです。これは私は宗教的に大きな発見だと思います。

そういう信仰が江戸時代にも引き継がれ、多くの庶民が信心からお寺にお参りしました。それが先ほど申しましたように、明治以降、天皇家の権威が強大になりますと、親鸞が信仰の上では、天皇といえども上皇といえども全く恐れるところなく真理のために身を挺して布教をしていたといったことの真実が、伝わらなくなってしまったのです。私は江戸時代の宗教信仰は一面ではほんとうに純粋に行なわれていて、庶民自身も非常に優れた信仰生活に入れたのであろうと思います。

三　六地蔵

さて、その純粋な信仰の具体例としまして、江戸の六地蔵を取り上げたいと思います。そもそも私は新宿の太宗寺《たいそうじ》へまいりまして、初めて六地蔵を拝みました。このお地蔵さんの台座の組石の石面や銅像の顔以外の全身に一文とか五文、十文とか寄進者の名前が指の先まで刻んであります。そういう江戸の、多くの信者たちに寄進された浄財で、そのお地蔵さんがつくられたということに驚きまして、いったいそのお地蔵さんがどういうものであるかをいちいち巡り歩いて調査をしました。

江戸六地蔵の第一番は品川の品川寺《ほんせんじ》というお寺にあります。京浜急行の青物横町から少し南のほうに行った旧東海道の四つ角を右へ少し行ったところの右側に品川寺がありまして、そのお寺の正門を入ったすぐ左に第一番のお地蔵さんがあります。いまはこのお地蔵さんだけ笠がないのですけれども、昔は他のお地蔵さん同様、笠をかぶっていたはずです。正面の基壇のところには、「宝永五年九月大吉祥日」と書いてあります。そしていまは「武州江戸六地蔵大菩薩」の薩という字が消えていますから、この基壇が沈下したものと思われます。「勧化沙門深川地蔵坊正」の字まであって、元という字もあったはずですが、ここで切れているのです。この地蔵坊正元というお坊さんが六地蔵をつくったのです。正元が一人で勧化をして回りまして、お金を集めたのです。そのお金で、この一丈六尺の坐ったお地蔵さんができたのであります。それが第一番のお地蔵さんです。このお地蔵さんの裏側に、何年にどういう形でつくったということが詳しく書いてあるのですが、私は双眼鏡をもっていましたけれども、像がずいぶん大きいものですから読めませんので、お寺へ行って、梯子《はしご》を借りて基壇に上り詳しく読みました。背中の上部に「御免を蒙《こうむ》つて品川寺境内に安置し奉る。天下泰平武運長久、宝永五戊子年九月大吉祥日開眼。造立し奉る、金銅丈六江戸六地蔵大菩薩。仏法繁栄衆人快楽。勧化沙門地蔵坊正元」。そして鋳物師が誰で、字を書いたのが誰で、彫刻をした棟梁が誰で、石工が誰であるかということを書きつらねまして、そしてその信徒の頭取は、勧蓮社の光誉一風と釈氏普聞の二人であり、檀主の頭取は中川助次郎と五味氏俊宣との二人である、というようなことを詳しく書いているのですが、寄進した人は、江戸中の多くの人たちです。寄進者の特色は、子供を亡くした人が非常に多いということです。銅像には名前だけですが、基壇の石には町と寄進者と子供のためとか妻のためとか供養する死者の名が彫り込まれていますので、このことがわかります。

第二番が浅草の浅草寺から南千住のほうへ行く途中の東禅寺というお寺の地蔵です。このお地蔵さんは二年あとの宝永七年（一七一〇）の造営です。

第三番が正徳二年（一七一二）に新宿の太宗寺に、第四番が正徳四年に巣鴨の真性寺に、第五番が享保二年（一七一七）に深川の霊巌寺に、そして最後が享保五年に、深川の永代寺に、という順番でお地蔵さんが六体つくられました。永代寺の第六番は関東大震災で消滅したので今はありません。

皆様に配ってありますコピーに「江戸六地蔵参り」と書いてありますが、これは『東都歳事記』に載っているものでして、斎藤月岑がつくったものです。それによりますと、一番品川品川寺、二番四谷太宗寺、三番巣鴨真性寺、四番山谷東禅寺、五番深川霊巌寺、六番同永代寺となっておりますが、これは月岑の間違いです。実際に私が回ってみますと、先に述べた通りの順番です。

第三番の太宗寺は、新宿の厚生年金会館（二〇一〇年閉館）から新宿に向かって行った四つ角に信号がありまして、その信号のところを左へ新宿御苑のほうに歩いて行きまして、二つ目ぐらいの通りの右の角です。その太宗寺と厚生年金会館前の広い通りの間がかつての遊女寺でありまして、この太宗寺から新宿にかけて、新宿の遊女町だったのです。宿場の遊女がたくさんいました。太宗寺はそういうところでありまして、つまり青梅街道、それから甲州街道の出入口のところに六地蔵を建てたのです。

巣鴨の真性寺のお地蔵さまは、有名なとげぬき地蔵より巣鴨駅寄りで、少し南側に入った所にあります。このお地蔵さんも、私は後ろ側に回りまして、細かく調査いたしました。これも品川寺のと同じように、顔を除いて体全部に寄進者の名前が彫刻してあります。宝珠も笠もその当時のものです。

お地蔵さんというのは菩薩でありまして、お釈迦さんが亡くなって、そのあと仏教では五十六億七千万年後に弥勒菩薩がこの世に現われて、再び衆生を済度《さいど》する。その弥勒菩薩が現われるまでは、地蔵菩薩が衆生を済度する。そして地蔵菩薩は地獄と極楽とこの世、つまりあの世とこの世を自由に行き来ができる仏さまで、日本では平安末期から、盛んに信仰されるようになり、平安末、鎌倉頃に見事な地蔵尊の像がたくさんできました。そして江戸時代にもこういう立派な六地蔵ができているのです。

私がどうしてこの六地蔵に非常な感激を覚えたかと申しますと、この六地蔵をつくった地蔵坊正元は、少年の頃にたいへんな病気をいたしまして、その不治といわれていた病気が地蔵菩薩の信仰によって完全に治癒して、健康体になった。それで、こまっている人を救うためお地蔵さんを建立しようと江戸中を勧化して歩いたのです。古い時代に京都や奈良において国の力で街道に六地蔵をつくったということを知りまして、江戸で六地蔵をつくることを思い立ち、宝永、正徳、享保と十二年間に、二年目ごとにこんなすごい地蔵像をつくったのです。

ああいう立派な石の台座を四段ぐらい積んで、そしてその上にあのような立派な青銅のお地蔵さんをつくるということは、たいへんな経費を要したであろうと思います。そういうことを一人のお坊さんがなし遂げました。こういうことは、あるいは他の人にもできるかもしれませんが、この地蔵坊正元は、享保五年に深川の第六番めの地蔵を完成して、落慶供養の開眼式をしたあと、全く姿をくらましてしまって、どこへ行ったかわからなくなったのです。

つまり世の多くの人は、こんな立派な仕事をしますと、世の中からたいへん偉い人だと褒めそやされ、それを誇りとするということが多いものです。そしてまた、それを得意にするのが普通です。ところが、この地蔵坊正元はそういうたいへん大きな仕事をなし遂げながら、行方をくらまして消えてしまったのです。ある意味では、地蔵坊正元がその六体のお地蔵さんになったと考えてもいいわけですけれども、これには私は驚きました。正元という人の、きわめて純粋な信仰心に打たれました。

次は時代が寛永にさかのぼりますが、沢庵《たくあん》和尚についてお話しましょう。沢庵については、同時代の名僧一絲和尚のごときは、沢庵は名僧だが、三代将軍に招かれると、ひょこひょこと出向いて江戸幕府に仕えるなどというのはけしからんといって、沢庵を罵倒しています。しかしこの沢庵は幕府の横暴に対して、紫衣事件のときなどは敢然と反抗しましたために、出羽の上山に配流されました。許されたあといったん出身地兵庫県出石《いずし》の宗鏡寺にこもっていました。沢庵はたいへんな名僧でありましたから、三代将軍家光の熱心な要請を受けまして東海寺というお寺を品川につくり、そこの住持になりました。そしてしばしば家光がこの品川の東海寺に訪ねます。この東海寺から品川の船着き場まで沢庵が家光を送っていった問答河岸などというところが、いまも残っております。

品川駅のほうから国道ぞいに南の方へ行きまして新幹線の線路をまたぐ陸橋の上を左のほうへ渡って、旧東海道をだらだらと下って行きますと、旧品川宿になるのです。品川宿の跡が、いまもかなり残っておりますが、宿場の内では、新宿や千住よりも、品川宿がいちばん古い様子を留めております。本陣の跡なども残っております。そこから右のほうに行ったところに、東海寺がありました。いまも東海寺はありますが、昔の東海寺は広大な寺でして、その一角に沢庵の墓がありますが、今の東海寺とはずっと離れたところにあります。沢庵は遺言で、自分がいままで書いたり着ていたりした遺品は全部焼き捨てよ、墓もつくるな、遺骨を埋めた上に石を一つだけ置け、そして一切の文字を書き記すな、と指示しました。沢庵は、地蔵坊正元のように行方をくらましたりはしませんでしたが、正元と同じように自分の生前の地位や名誉や一切の功績を消してしまって、あの世へ旅立って行った人なのです。だから沢庵和尚の墓は、沢庵石のような石が一つ置いてあるだけなのです。そういう意味で、私は沢庵の死にざまを見ただけでも彼はたいへんな名僧であったと思います。こういう見事な宗教者が江戸にはいたのです。

四　民間信仰

このように非常に純粋な信仰が保たれておりました反面、江戸が大人口を擁する大都市になり、経済的にも豊かな都市として栄えてまいりましたために、宗教上もさまざまな新しい現象が起こってきました。その一つは出開帳《でがいちょう》です。出開帳は宗派によって違いがありました。たとえば日蓮宗の出開帳は、日蓮宗のお寺でいたしました。そしてその開帳の中心になるのは、ほとんど日蓮の肖像でした。

有名な出開帳としては、嵯峨の清涼寺の阿弥陀さま、これは唐から日本にもたらされた白檀でつくられたという非常に美しいお釈迦さまでありまして、青森県に残っております元禄時代の記録によりますと、このお釈迦さまを京都の嵯峨から護国寺まで運んできまして、開帳をしましたところ、たいへんな参詣者があって、純益三千両であった由と書いてあります。これは噂ですから、かなり尾ひれがついているとも考えられます。

このように、護国寺とか、湯島天神とか、富岡八幡とか、回向院などが出開帳の会場に選ばれまして、次から次に、全国の神社仏閣の名宝が江戸にもたらされ、出開帳が行なわれることになりました。いま各デパートなどで、寺社の名宝展といったものが行なわれますが、あれは江戸時代の出開帳の現代版です。

そして時には、法然上人の肖像画をはじめ、関連の名宝を江戸に運び、出開帳をしましたら、全然当たらなくて、大損になり、肖像も名宝も全部売り払い、それを伝通院が買い取って、翌年、伝通院で開帳をしたら、たいへんはやって大儲けをしたというようなこともありました。ともかく出開帳は、江戸という大都市に名宝を持って行けば、大きな収入を得て、いたんだ寺社を建て直すことができるというようなことで、盛んに行なわれるようになったのです。

それから、江戸で庶民の人気を集めたのは弁天さまと奪衣婆《だついばあ》と閻魔《えんま》さまです。弁天さまは江戸の各地にありまして、その信仰も非常に盛んでした。奪衣婆と閻魔信仰というのはちょっと意外な感じでしょう。これは十六日が縁日でして、その日には奪衣婆と閻魔さまにたくさんの人がお参りに行きました。閻魔さまは地獄で浄玻璃の鏡で罪を咎めるというふうに信じられ、奪衣婆は三途の川で人びとから衣類をはぎ取ると信じられ、金もうけ商売の人たちにたいへん御利益があるということで、奪衣婆と閻魔さまがペアで大流行する時期があるのです。

それからお稲荷《いなり》さんですが、江戸にはたくさんのお稲荷さんがありまして、二月に入って最初の午《うま》の日、この初午の日にお稲荷さんへのお参りが盛んに行なわれました。有名なものだけ拾ってみますと、王子稲荷、妻恋稲荷、日比谷稲荷、烏森稲荷、杉の森稲荷、浅草の太郎稲荷、吉原の黒助稲荷、谷中の笠森稲荷。これは、有名な鈴木春信の浮世絵のモデル鍵屋お仙のいた茶屋のあったお稲荷さんです。それから新宿の花園稲荷、橋場の真崎稲荷と、川向こうの三囲《みめぐり》稲荷、こういうのが有名なお稲荷さんでした。

なかでも、王子稲荷は有名で、たいへん多くの人がお参りしたのですが、特にここは、狐が毎日、扇屋という卵焼き屋へ卵を食べにくるというコマーシャルを流したらしくて、大いに栄えました。王子稲荷はまた、「びんざさら」などの民俗芸能を伝えていることでも有名ですし、たいへん賑わいましたので柴田是真《ぜしん》が五代目菊五郎の演じた「茨木」を描いた名画が絵馬として納められています。

太郎稲荷とか、黒助稲荷とか、真崎稲荷などは、時ならぬ大流行をいたしまして、文化・文政以後の時代に江戸中の人が御利益があるというのでお参りしたことがあります。このようなことは、非常に特異な江戸の信仰、流行現象であった、と思います。

五　浅草寺詣

それから、今日は江戸時代の人たちが、お寺や神社にお参りをした様子を、当時の絵巻物によってごらんに入れようと思い、スライドを持ってまいりました。

一つは浅草観音にお参りをする絵巻物、それから一つは上野の寛永寺にお参りをいたします絵巻物、その絵巻物の幾つかの場面のスライドです。

絵巻物は大英博物館にあるもので、かなり前に上野の森美術館というところで一度、展示されたことがあります。そして昨年（一九八七）再び上野の東京国立博物館でごくわずかの期間展示されました。それも全巻ではなくて、ほんの一部が東洋館の地階で出品されていただけです。

この二つの絵巻は面白い図でして、講談社から出た『秘蔵 浮世絵大観』という豪華本に収められています。その解説を私が書きました。「上野の図」の解説を書くにあたって、その絵が何年に描かれたものであるかを調べるのに非常に苦労をしましたが、研究の結果、かなりはっきりいたしました。

上野の寛永寺の仁王門が非常にきれいに描かれているのとそこからずっと進んで行ったあたりの建物の様子から考えまして、この「上野の図」は、享保五年（一七二〇）の四月から享保六年の三月までの間に描かれたものであることがはっきりしました。寛永寺の仁王門は享保五年の四月以降にできまして、六年の三月にはもう焼けてなくなったのです。その仁王門が実にきれいに描かれているので、この絵は享保五年の四月以降、六年三月までの間に描かれたものであり、しかも五年の四月ということになりますと、もう桜の花は咲いておりませんから、六年の二月末から三月始めの、上野に桜の花が咲いている頃の寛永寺参詣風景と考えていいと思います。

それからそれと全く同じ筆致で描かれております「浅草の図」も同じときに描かれた一対の絵巻だと考えていいと思います。

享保五年というのは、地蔵坊正元が六地蔵を完成して忽然《こつぜん》と行方をくらましてしまった年でありますす。そしてその翌年の春といえば、浅草寺では十万人講というたいへん大きな行事をするためにその前の年から開帳が行なわれて、非常に多くの人が参詣をしました。

上野の寛永寺は、寛永四年（一六二七）頃にほぼ完成したのですけれども、根本中堂だけがまだできていませんでした。この根本中堂は元禄十一年（一六九八）に完成しました。有名な紀伊国屋文左衛門が請け負いまして、柏屋とか、大きな木曾檜の問屋の檜を安く買い叩いて買い占めようとするのですが、そんな安い値段では売らないというようなことを業者が言いますと、幕府の寛永寺をつくるのに売らないとは何事かということで、遂に柏屋などを三宅島に追放してしまい、全くタダのような値段で檜材を独占いたしまして、それを一本四十両、五十両といった金額で納入し、大金を儲けたのです。この実状は新井白石の『折たく柴の記』に詳しく書かれています。そうして寛永寺が元禄十一年に完成して、元禄、宝永、正徳、享保と二十年ばかりたった頃に、この仁王門ができたのです。

寛永寺の根本中堂はずうっと彰義隊の乱のときまで健在でしたが、仁王門は建った翌年に、それから文殊楼なども間もなく焼けてしまいました。文殊楼の近くに清水堂がありましたが、楼門が焼けてはいけないというので、清水堂をずうっと離して、現在地に移してしまったのです。そうしたら、清水堂だけはいまも残りまして、用心していた文殊楼はとっくに焼けてしまったのです。こういうことで享保五年から六年の間に描かれました、寛永寺と浅草寺の参詣風景を、スライドでお見せいたしましょう。

これが「浅草の図」です。隅田川で舟遊びをしております夏の風景です。向こうが深川で、こちら

側の岸辺に張出しのような非常に洒落た川涼みの料亭、それから屋形舟が描かれています。船頭たちはみんな屋根の上にいて、船を漕ぐのです。舟べりで尻を出した裸の格好で漕いでおりますと、船には高貴な人たちが乗るので失礼になりますから、上で漕いでいるのです。

これは両国橋です。両国橋の下手、上手に非常に豪勢な屋形舟が浮んでいますし、橋の上にはいろいろな人が行き来をしております。こういう、きれいな傘をさしかけさせて、高貴な人が、御供に付き添われて歩いておりますす風景ですとか、子供たちなど、一人ひとりを見て行きますと、風俗的にも非常

浅草御門（大英博物館蔵「浅草の図」より）

に面白いものがあります。

これはその一部を拡大したものです。これは芸人が呼ばれて、鼓を打ったり、三味線を弾いたりして、お客をもてなしている光景です。

これは豪華な屋形舟でありまして（上図右参照）、二階がつくられて、そこで酒宴を催しています。しかも船頭たちがちゃんと着物を着て、六丁櫓で漕いでいます。大きくたいへん豪勢な屋形舟です。

これは浅草御門です（上図左参照）。昔の門はこちら側から真っ直ぐに入るのではなくて、こういう形でこちらから入りまして、浅草橋を渡り、このようにくねくね曲って入っていきます。

これは享保元年の地図ですが地図とそっくりに実に正確に描いてあります。これが本所の側です。これが観音さまです。観音さまへお参りをするのは浅草橋を渡ります。そして、そこからは真っ直ぐにまいります。これが観音さまへお参りするメインストリートでした。

いまこの浅草橋を渡っているところです。ここらあたりには大名屋敷もありましたし、幕府とか幕臣たちの米が上陸いたします米蔵が建ち並んでいました。こちらが米蔵の反対の片町で、札差が多数住んでいたところです。蔵前の蔵に近づいてきたところで、米俵を陸揚げしているところ、ここでは米をついているところ、鶏がこんなところにいたりして、風俗的にもたいへん面白いのです。米蔵のところから、米を運ぶのに馬の背中に、両側に一俵ずつと上に一俵と、三俵を載せて運んでいます。それからこの人は、六〇キロぐらいある、米俵を二俵運搬しています。大坂では、道が関東と違いよく整備されていて、こんな泥んこ道ではありませんから、大八車など、車が発達しているのですが、江戸は車がほとんど使われません。全部馬とか人の力で運んでいたようです。

これは母親に連れられた子供になにか物を売っております。蔵の前でこのような屋台店が出ているのです。これが木戸です。これは木戸の番小屋、当時の木戸番の番小屋というのはこういうもので、番人が中におります。ここに雨の降ったときに買ってもらうために傘をぶら下げていたので、番傘と言われたと申しますが、この図では近くに傘屋がありますので、ここには傘がぶら下がっておりません。

駒形堂（「浅草の図」より）

それから本を運んでいる人とか、魚を運んでいる人とか、物を売っている人などが描かれております。

間もなく駒形堂になるところですが、ここにまつやと書いてあって松の絵が書いてあります。そば屋のようです。

これは高貴な人が浅草寺に駕籠でお参りにきている光景です。付き人がこんなについていて、侍もついて、下男が荷物を運んでいます。

これは駒形堂です（上図参照）。ここはちょっと入江になっておりまして、いまは駒形堂はこちらの通りに面して建っておりますが、享保頃は川に沿った道に面していました。つまり駒形橋のあたりが川の交通の基点でありまして、川沿いの道が船の客など多くの参詣客が通る重要な役割を果たしていたのです。たくさん船がついています。対岸への渡し舟、各地へと向かう船、それから猪牙《ちよき》舟に乗って大急ぎで吉原に向かう遊び人の舟とか、

そういう舟がここのところで輻輳いたしました。ここは川の港だったのです。

これは面白いですね。コキリコの踊りを一人で演じているのを、みんなが見ております（上図参照）。大道芸人の風景です。ここへ鎌を二つさしておりますから、大根でも高くほうり上げて、スパッと空中で切るというようなことをやったのかもしれません。ここでは、三個のコキリコを手品で使っているわけですが、この下の方にあるコキリコはぽんと足で蹴上げるのでしょうか。

そしてここの二階（上図参照）では四人の男たちが朱塗りの大杯でお酒を飲んでいて、女の人が給仕をしていま

浅草寺雷門前（「浅草の図」より）

す。下では菰《こも》かぶりの四斗樽の栓を抜いて、お酒を出しています。そしてお燗をして徳利に注いでいる人もいます。ここには大きな俎《まないた》がありまして、鯛やいろいろな魚をそこで真魚箸《まなばし》と包丁で料理をしています。宝暦の頃に同じ浅草の並木通りに伊勢屋という大きな料亭ができますが、それが料亭の始めだと最近言われるようになりました。それまでは、明和の頃に出現した洲崎の桝屋が江戸の料亭では最初だと言われていたのですが、もう享保五、六年（一七二〇—二一）にこういう店ができているということがわかりましたので、これは非常に貴重な資料です。

これは雷門です。左右に風神と雷神

とがいます。駕籠かきはみんな雷門のところで待っていますので、奥方やら高貴な方たちはここから徒歩でお参りをしたということがわかります。この雷門にいまは「雷門」と書かれた大提灯がぶら下がっていますが、この図では提灯がありません。寛政七年（一七九五）に、初めて「新橋」と書いた大提灯がぶら下がるのです。実は、明和四年（一七六七）にこの雷門は焼けまして、寛政七年まで再建されません。再建されたときに、屋根屋三左衛門という大工の棟梁が大きな提灯を寄付しまして、ここに「新橋」と書いた大提灯がぶら下がるわけです。いまは「新橋」と書いたのは、本堂の石段を上っ

料金受取人払郵便

本郷局承認

5788

差出有効期間
2025 年 1 月
31 日まで

郵 便 は が き

1 1 3-8 7 9 0

東京都文京区本郷 7 丁目 2 番 8 号

吉川弘文館 行

愛読者カード

本書をお買い上げいただきまして、まことにありがとうございました。このハガキを、小社へのご意見またはご注文にご利用下さい。

お買上 書名

＊本書に関するご感想、ご批判をお聞かせ下さい。

＊出版を希望するテーマ・執筆者名をお聞かせ下さい。

お買上
書店名 区市町 書店

◆新刊情報はホームページで http://www.yoshikawa-k.co.jp/

◆ご注文、ご意見については E-mail:sales@yoshikawa-k.co.jp

ご氏名《ふりがな》		年齢　　歳　男・女
〒 □□□-□□□□ ご住所		電話
ご職業		所属学会等
ご購読新聞名		ご購読雑誌名

今後、吉川弘文館の「新刊案内」等をお送りいたします(年に数回を予定)。
ご承諾いただける方は右の□の中に✓をご記入ください。□

注 文 書

月　　日

書　名	定　価	部　数
	円	部
	円	部
	円	部
	円	部
	円	部

配本は、○印を付けた方法にして下さい。

イ. 下記書店へ配本して下さい。
(直接書店にお渡し下さい)
(書店・取次帖合印)

書店様へ＝書店帖合印を捺印下さい。

ロ. 直接送本して下さい。
代金(書籍代＋送料・代引手数料)は、お届けの際に現品と引換えにお支払下さい。送料・代引手数料は、1回のお届けごとに500円です(いずれも税込)。

＊お急ぎのご注文には電話、FAXをご利用ください。
電話 03－3813－9151(代)
FAX 03－3812－3544

（ご注意）

・この用紙は、機械で処理しますので、金額を記入する際は、枠内にはっきりと記入してください。また、本票を汚したり、折り曲げたりしないでください。

・この用紙は、ゆうちょ銀行又は郵便局の払込機能付きＡＴＭでもご利用いただけます。

・この払込書を、ゆうちょ銀行又は郵便局の渉外員にお預けになるときは、引換えに預り証を必ずお受け取りください。

・ご依頼人様からご提出いただきました払込書に記載されたおところ、おなまえ等は、加入者様に通知されます。

・この受領証は、払込みの証拠となるものですから大切に保管してください。

収入印紙
課税相当額以上
貼　付
印

この用紙で「本郷」年間購読のお申し込みができます。

◆この申込票に必要事項をご記入の上、記載金額を添えて郵便局でお払込み下さい。

◆「本郷」のご送金は、４年分までとさせて頂きます。
※お客様のご都合で解約される場合は、ご返金いたしかねます。ご了承下さい。

この用紙で書籍のご注文ができます。

◆この申込票の通信欄にご注文の書籍をご記入の上、書籍代金（本体価格＋消費税）に荷造送料を加えた金額をお払込み下さい。

◆荷造送料は、ご注文１回の配送につき 500 円です。

◆キャンセルやご入金が重複した際のご返金は、送料・手数料を差し引かせて頂く場合があります。

◆入金確認まで約７日かかります。ご諒承下さい。

※現金でお支払いの場合、手数料が加算されます。通帳またはキャッシュカードを利用し口座からお支払いの場合、料金に変更はございません。

※領収証は改めてお送りいたしませんので、予めご諒承下さい。

お問い合わせ　〒113-0033・東京都文京区本郷７－２－８
吉川弘文館　営業部
電話03-3813-9151　FAX03-3812-3544

この場所には、何も記載しないでください。

払込取扱票

02	東京

通常払込料金加入者負担

口座記号番号	金額
00100－5－244	千 百 十 万 千 百 十 円 ※

加入者名	株式会社 吉川弘文館	料金		備考	

各票の※印欄は、ご依頼人において記載してください。

ご依頼人・通信欄

フリガナ

※お名前

郵便番号　　電話

※ご住所

※

〈この用紙で書籍代金ご入金のお客様へ〉
代金引換便、ネット通販ご購入後のご入金の重複が増えておりますので、ご注意ください。

◆「本郷」購読を希望します

購読開始　　号より

1年 1000円（6冊）　3年 2800円（18冊）
2年 2000円（12冊）　4年 3600円（24冊）
（ご希望の購読期間に○印をお付け下さい）

日附印

裏面の注意事項をお読みください。（ゆうちょ銀行）（承認番号東第53889号）

これより下部には何も記入しないでください。

切り取らないでお出しください。

記載事項を訂正した場合は、その箇所に訂正印を押してください。

振替払込請求書兼受領証

口座記号番号	00100－5－244	通常払込料金加入者負担
加入者名	株式会社 吉川弘文館	
金額	千 百 十 万 千 百 十 円 ※	
ご依頼人	おなまえ ※　　様	
料金		日附印
備考		

この受領証は、大切に保管してください。

浅草寺本堂(「浅草の図」より)

たところに移されています。

雷門を入りましたところは、いま仲見世ですが、この図では、仲見世の走りのような屋台店がちらっちらっと出来ています。仁王門までに左右三ヶ寺ずつ六つの塔頭《たつちゆう》があって、雷門のすぐ左側は日音院という塔頭で、そこには伊勢の皇太神宮がお祀りしてありましたし、各塔頭には鹿島神宮、秋葉神社というように、全国の有名な神社や弁天さまとか不動さんとかがお祀りしてありまして、浅草の観音さまは、全国の有名な寺や神社の集合聖地でした。

これは仁王門のところにまいります手前の覗きカラクリです。親子がそれを見ています。真ん中に柱が建っておりまして、その柱の周りに白馬に乗った二つの武者人形がぐるぐる回って人目を引いていたのだと思います。そしてここでは、カラクリ屋さんが綱を持ちまして、カラクリの画面を展開させながら絵解きをしているところです。これは、享保ごろの覗きカラクリの様子というのがよくわかる、たいへん貴重な資料だと思います。

仁王門には仁王さんが見えております。いまは「小舟町《こぶなちょう》」と書かれた大きな提灯がかかっております。仁王門から先に進みますと、ここに五重塔の石段のところだけが見えています。いまは仁王門を入りますと、左側に五重塔がありますが明治時代までは右側にありました。

これは本堂です（前図参照）。本堂の御拝《ごはい》のところは、いまは石段になっておりますが、これは木の段々です。ずうっと廊下が回っておりまして、西の側に大きな提灯が見えています。私はたいへんびっくりしたのですが、浅草寺の大提灯は、寛政七年に雷門に吊されたのが初めてだと思っておりましたら、そうではなくて、もうすでに享保年間に提灯が吊されていたということが、この図で非常にはっきりとわかりました。

それからこの本堂へお参りしておりますのは、町人や侍もいるでしょうが、どの人もたいへん立派な晴着を着ているのです。

いま日本ではアメリカの風俗が入ってまいりまして、結婚式でも観劇の際にもジーパンを着用している若者がいます。つまりハレとケの区別が全くなくなってしまいました。この時代は、お寺にお参りするということは、日常生活から聖なる場所に参り、観音さまを拝んで精神の垢を捨てて、ほんとうに純粋な人間に還元されるという、日常のケの世界からハレの場に身をおくということでありましたから、誰もが、晴着を着てお参りしました。

これで「浅草の図」を終りまして、今度は「上野の図」のほうにまいります。

六　上野参詣

これは上野の寛永寺にお参りする風景でして、広小路のほうから上野の山のほうへ歩いて行く道中です。ちょうど獅子舞を舞っておりますが、ここに太神楽《だいかぐら》と書いたのぼりがあります。太鼓、笛、ささらのお囃子《はやし》で獅子を舞っているという太神楽の風景です。

ここに三つの橋がありますが、不忍池から三味線堀を通って、隅田川に流れておりました忍川《しのぶがわ》という川がありまして、その川に橋が三つかかっておりましたので、三橋といっておりました。

これは吹き矢という遊びをしているところです。矢を筒の中に入れて、口でプッと吹きますと向こうの的に当たる。吹き矢には、名人がいたようでありまして、飛んでいる燕などを吹き矢で吹いているといったことをする人があったようです。元禄の頃の『鸚鵡《おうむ》籠中記』という名古屋の記録を見ますと、吹き矢で燕をとって、黒焼きにして薬にしようとした人が、生類憐れみの令に違反したとして死

刑にされた、と記されています。
これは緋鯉とか金魚、そういうものを売っているところです。
これが有名な仁王門です。享保五年から六年にかけての仁王門でして、できたばかりの仁王さまや真新しいお堂が実にきれいに、門の金具とか仁王さんの様子だとかも細かく描かれています。当時の仁王門がこんなにきれいに描かれているのはこの絵だけだそうでありまして、それが日本にないのは、まことに残念です。これはそういう意味で非常に貴重な絵だと思います。
これは山王神社です。鳥居が山王独特の形です。もう少し行きますと、清水堂になります。清水堂はいまも昔の通りに

寛永寺仁王門（大英博物館蔵「上野の図」より）

あります。ただし、今は、ここのところに絵馬堂が建っていますが、享保の頃にはまだ絵馬堂はありませんでした。

後に広重の絵などになりますと、眼鏡松という松が大きく描かれたりしておりますが、そういう眼鏡松もない享保時代の清水堂の風景です。こういうところへ絨毯を敷きまして花見の酒を酌み交わしております。桜はいまもその通りにありますが、いまは染井吉野ですから、桜の種類は違いました。

これは文殊楼という楼門です。涅槃会のときに、一般の人が堂に上ることを許されました。

これは「花の雲鐘は上野か浅草か」という芭蕉の句で有名な時の鐘の、鐘つき堂です。

これは当時の花見の酒盛りの様子です。筵《むしろ》を敷きまして、琴を弾いたり、三味線を弾いたりする人がいまして、そしてこちらで二人が踊っています。この陰のあたりで料理人が料理をして、運んでいたはずです。

これは、こちらが常行堂、そして向こうが法華堂です。同じスタイルの建物で、その間に廊下がありました。ちょうど荷物を担《にな》っているような格好になっているので、「担い堂」という名前もついておりました。将軍はいったいここのところで休憩をして、そして本堂へお参りをしたといいます。ですから、将軍がここを通っているときに、そこに隠れていた佐倉惣五郎が竹の先につけた直訴状を差し出す、という事件が起こったと伝えられています。

これが本堂の根本中堂で、紀伊国屋文左衛門が元禄十一年に完成したものです。その前のこの門のところに霊元天皇が瑠璃殿と書いた勅額がかかっていたので、勅額門と言われていたものです。

これは竹ノ台でございます。円仁が中国五台山から竹を比叡山の延暦寺に持ち帰って植えましたところ、それが繁殖しました。それを延暦寺でも非常に大事にしておりましたので、天海僧正がその竹を譲り受けて、ここに移したいという念願を持っていたというので、もうこの時分天海僧正はいないのですが、五台山の竹の子孫が一対植えられました。これを竹ノ台と言いました。

これは庶民がお参りをしているところです。もちろん刀を二本差した武士もお参りしておりますが、やはり先ほど申しましたように、どの人もみな晴着を着て、立派な姿でお参りをしています。

この図は花見を描くという一面も兼ねられているとは思いますが、やはり地蔵坊正元といったような、ああいう純粋な信仰を持った僧の手によってお地蔵さんが六つも建った、という時期に、江戸の同じ信仰に生きておりました人たちが、寛永寺へ、あるいは浅草寺へ、敬虔な気持で晴着を着てお参りしている風景ということが言えると思います。

第三講　風　流

一　花　見

今日は花見、月見、雪見、それから虫聞きというテーマでお話するわけですが、花見につきましては、私に『花』というNHKブックスがあります。それと、これに書き足りなかったものを著作集（吉川弘文館）の中に整理いたしまして、花見については、古い時代からかなり詳しく書きました。

ごく概略を申しますと、『万葉集』にいろいろな花見の歌がありますけれども、その頃には、まだ桜が花見の主体になっておりません。梅が遣唐使によってもたらされ、太宰府などで梅の花見を盛んにしておりましたことが、『万葉集』の中に見えます。天平二年（七三〇）の正月十三日に、太宰の帥《そつ》、大伴旅人が九州一円の国司およびその次官というような人たちを全部集めて、梅の花見、園遊会を催したわけです。そのときに、一人ひとりの長官たちに歌を詠ませた梅の歌が三十二首、『万葉集』第五巻に載っています。桜は、その当時あることはありますけれども、桜の花見ということはまだありません。

それが平安時代になりますと、俄然逆転いたしまして桜の花見が盛んに行なわれるようになってきて、桜が花の首位を占めるようになります。『日本後紀』の弘仁三年（八一二）二月十二日、神泉苑、いまの二条城のあたりですが、そこに天皇が行幸して桜の花見をした。それが花宴の節の始まりであるとあります。

それまで紫宸殿《ししいでん》の南庭には、垂仁天皇のときに、田道間守《たじまもり》がもたらしましたトキジクノカグノコノミ（非時香菓）、すなわち橘と、それから遣唐使たちのもたらした梅とが植えられていました。けれども、この年にその梅が桜に植え変えられました。以来今日まで、左近の桜が続いているのです。

その後間もなく、『古今集』の頃には、吉野はもう桜の名所になっておりますし、『栄華物語』の殿上の花見でありますとか、貴族たちの花見がさかんに行なわれるようになります。家永三郎さんの『大和絵全史』によりますと、たくさんの桜の名所が京都にできまして、貴族たちが馬や車でさかんに花見をしたこと、そして襖絵などにも桜の花見の絵や花の絵がたくさん描かれたということです。そういう平安時代の桜の花見の伝統を背景にして勅撰歌集、私撰歌集などに数多く桜の花が詠み上げられるようになります。

鎌倉時代になりますと、頼朝が三浦岬に桃の御所、桜の御所、椿の御所をつくりまして、それぞれの花見の宴を催したということが伝えられています。これは『吾妻鏡《あづまかがみ》』とか当時の歴史の書物の中には出てこないのでありますが、しかしいまもその桃や桜の御所の跡であったという伝説が現地に残っております。

そして鎌倉末の『天狗草紙』には醍醐の桜会の場面に、ひらひらと桜の散るところで舞楽を舞っております。それから『平家物語』にも桜物語は盛んに出てまいります。『太平記』では、有名な俊基卿の関東下向の一節、「落花の雪に踏迷う、片野の春の桜がり……」の文句が、人口に膾炙しております。面白いのは、佐々木道誉という婆沙羅《ばさら》大名が、ライバルの斯波《しば》高経が当時、花の御所と言われた室町御所の庭において豪勢な花見をしたのに対しまして、京都中の芸人を全部呼び集めて、大原野で花見の宴をしたことが『太平記』に実に詳しく書かれています。そのため、斯波高経が芸人を雇ってこようとしても一人もいなかったというのです。このようにして、この二人は花見の競争をやったのです。そのために道誉は、守護職を解かれ、所領を没収されるということになりました。すごい花見をしたものです。

戦国を終りまして、桃山時代頃になりますと、「花下遊楽図屛風」であるとか、「花見図鷹狩りの図」など、いろいろ伝わっています。最も有名な花見は豊臣秀吉の吉野の花見です。これはすごい花見でありまして、文禄三年（一五九四）に行なわれました。徳川家康、前田利家はじめ重要な人物を引きつれまして、そして諸大名たちは、家康も利家も全部ポルトガルふうの南蛮服などを着て参加したのです。秀吉は和服だったのですが、他の家来たちはいろいろ華美をこらして仮装行列をしたりして、たいへん豪勢な花見をしました。いまも行ってみますと、奥の千本よりまだ上のほうに水分《みくまり》神社という神社がありますが、秀吉は神輿《みこし》や神輿蔵を始めとして、神社の大規模な修復をさせました。いまもその時の見事な桃山の遺構が残っております。それから吉野の蔵王堂なども全部つくり変えるわけです。ですから、ものすごいお金を使い、すごくたくさんの人たちを動員して吉野の花見をしたのです。この花見は空前絶後の豪奢なものでありました。

それから四年目の慶長三年（一五九八）、彼は醍醐の花見をするのですが、その年に亡くなります。醍醐の花見では三十三ヶ所も関所をつくり、いっさい庶民の交通を遮断して、天下人として自分と家族だけの花見をします。絵も残っておりますがよぼよぼの姿です。齢は数え年で六十一ですけれども、彼は何十人という女性を愛して、そういう意味でも精力を早くに使い果たしてしまったのではないかという人もありますが、早く老衰しています。

こういう醍醐の花見型の花見の伝統は江戸にも早くから伝わりましたが、庶民たちが花見を楽しむということにはなかなかなりませんでした。古い時代からの花見というものが、ほんとうの庶民の花見になったのは、江戸の町人たちが、かなり裕福になり花見の余裕を持つようになってからのことです。文献的には、『松平大和守《やまとのかみ》日記』の寛文十三年（一六七三）の記事を見ますと、十一月九日に、霊台院のお招きで、夜の会に参上した。そうすると、森田座の役者を全部呼び寄せて、いろいろな出し物を演じさせたが、最後、八番目に「上野の花見」というのを演じた。そして、「大勢出でて直ちに踊り、総踊り、大踊りこれあり」ということが書いてあります。霊台院の大名家の奥座敷で、森田座の俳優さんが、上野の花見という踊りを踊ったというのであります。ですから、もう上野の花見は、この頃には盛んに行なわれていたということが言えます。

それから貞享、元禄になりますと花見の記事がたくさん出てまいりますが、芭蕉の七部集の中の『ひさご』『猿蓑《さるみの》』『炭俵』『続猿蓑』などにしばしば花見の状況を書いたり、句を詠んだものが出てきます。

それから元禄十六年（一七〇三）に出版された『松の葉』という当時の俗謡、小唄集の四十一番目に「花見」という題のところがあって、これには上野の山の花見の様子がたいへん詳しく書かれています。歌を歌いながら桜をほめそやしたり、親父が腰に瓢箪《ひょうたん》をぶら下げて踊るのをまわりが囃し立てるといったようなことが謡われています。

また、元禄の頃に描かれた屏風がサントリー美術館にあります。それは中村座と上野の花見の図とで一双になっています。その上野の花見の図を見ますと、前回、享保五、六年の寛永寺参詣図をごらんに入れましたが、そこにもちょっと出てまいりました花見風景のように、幔幕を張りまして、中に毛氈を敷いて、琴・三味線・笛・鼓などを演奏したり、踊ったり、料理人をつれて行き大長持で食べ物や酒を選ばせたり、と贅沢な花見をしています。

いまは全国的に花見が盛んに行なわれていますが、庶民の花見は、おそらくこの上野の山から始まったと思います。というのは、江戸は元禄頃には百万近い大都市になっています。京都は三十万人、大坂も三十万人で、他には三十万人を越す都市はないのです。一時期、大坂が四十万人になりますけれども、もう天保の頃には三十万人に減少してしまい、江戸だけはぐんぐん人口が増えて、たいへんな大都市になるわけです。

花見そっちのけのドンチャン騒ぎの花見は、古い時代にはありませんで、元禄の頃から行なわれたと思います。それを証明するのは秋色桜《しゅうしき》です。お秋という宝井其角の弟子の少女が元禄の初めの頃、上野へ花見に行きましたら、清水堂の裏の井戸のところに、「虎の尾」という有名な桜がありまして、その桜付近で花見をしている様子を「井戸端の桜あぶなし酒の酔ひ」という句に仕立てました。ドンチャン騒ぎをして、踊ったりしていると、井戸の中に落ちやしないかと心配である、という意味です。十六歳の少女が詠んだ句だというので、しかも其角の弟子でありましたから、この句が一躍有名になりまして、その「虎の尾」は「秋色桜」と改められて、いまはそこに秋色桜の大きな句碑も立っています。

あのあたりで盛んに花見が行なわれましたので、たとえば芭蕉のような人まで、お弟子さんをつれてよく花見に行きました。『奥の細道』の旅に出かけていく最初のあたりに、「上野谷中の花の梢、またいつかはと心細し」と書いておりますが、おそらく芭蕉も毎年花見に行ったに違いありません。

こうしてはじまった花見は、元禄の頃が最も盛んで、以来ほとんど衰えることなく今日まで続いたと見ていいと思います。ただ、徳川最後の十五代将軍、徳川慶喜が寛永寺に謹慎をしておりました年の春は上野の山は入山禁止になりまして、花見ができませんでした。月岑の日記を読みますと、今年は上野の山で花見ができなくてはなはだ淋しいと書いてあります。

それが明治になりますと、また花見がさかんに行なわれまして、神田雉子町《きじちょう》の町名主だった月岑も、自家用人力車で上野へ花見に出かけました。日記には明治八年四月三日に「上野へ行んとせしが余り人力車多き故かへる」とあります。そのため日を改めて十三日に「上野花見独歩」、十八日に「上の御宮へ参る……参詣人多し花は末也」と記しています。人力車のラッシュになるほど花見客が上野へ行き、月岑はそのため車はあきらめて歩いて花見に二度も行ったのです。

このような江戸の桜ブームのなかで、幕末頃にいま日本中の人が賞でております染井吉野という桜の名花が、江戸の植木屋が集っていた染井でつくり出されます。それまでにも染井吉野に近いようなさまざまな桜がありまして、桜の花ばかりを描いた絵描きもいました。種類も非常にたくさんありまして、「御衣香」とか、「普賢象」とか、「太白」とか、さまざまな名花が生まれます。

文化年間に、私のいま住んでおります文京区小日向《こひなた》に、十方庵敬順というお坊さんがいまして、『遊歴雑記』という本を書きました。江戸の町や近郊まで歩き回ったことを事細かく記録しているのです。それに方々にある有名な糸桜、枝垂《しだ》れ桜だけを見て歩いた記録だとか、それから白山神社に旗桜というのがあって、これは花の蘂《しべ》がたいへん長くて、その蘂の先が旗のようになっているので、そう呼ばれていると書かれていて、彼のスケッチが載せられています。この旗桜はいまはありません。

次に『東都歳事記』によって江戸の花の名所を見ていきましょう。まず、梅からです。これは蒲田の梅見風景です。それから深川の亀戸天神のすぐ近くに「臥竜梅」という梅の名木がありまして、この白梅が江戸第一の名木として有名でした。まず新春にはこれらの梅見に江戸ッ子たちはたくさん出かけて行きました。

それから桜になりまして、隅田川の堤の花見の様子がここに描かれております。隅田川の墨堤のあたり、これは桜餅で有名な長命寺のところ。これはいまでもあります。長命寺のあたりからちょっと道を曲がり、土手を下って、真っ直ぐに行きますと、木母寺《もくぼじ》のところに行くのですが、このあたりにも桜がたくさん咲いておりました。その他にも遅桜とか、彼岸桜とか、枝垂れ桜などの桜の名所が、これにはたくさん書いてあります。

これは『江戸名所図会』のほうです。清水堂の花見の様子を描いているのですが、清水の舞台の上のところから花見をしている有様です。

それから、これは柏木村の右衛門桜というもので、右衛門という人の家の桜が非常に見事だというので、大勢の人たちが見に行ったようです。たいへん鄙びたところですから、わんさわんさというほどは行っておりませんけれども、こういう桜が有名になっているということを書き留めております。

それから、これは小金井の桜の様子です。この小金井の桜もたいへん有名ですが、だいたい小金井

蒲田の梅見風景（『東都歳事記』より）

まで花見のために出かけるのに、朝早く、七つ時、午前四時ぐらいにたちまして、小金井で花見をして、夕方江戸に帰ってきたようです。

それから、江戸では飛鳥山《あすかやま》、品川の御殿山、そういうところでも花見が盛んに行なわれましたし、それから吉原の夜桜見物というのが、これまた盛んに行なわれました。

桜の少しあとには大久保の諏訪神社のあたりに、霧島ツツジが咲きまして、これも大勢の人が見に行きました。

元禄年間に『錦繍枕《きんしゆうまくら》』という本が出版されております。これは巣鴨の植木屋、伊藤伊兵衛が著わしたものです。彼は江戸時代の初期から非常に広い土地に植木をつくりました。おそらく染井吉野も伊兵衛たちがつくったのではないかと思いますが、明確な記録はありません。幕末に染井吉野ができたということだけはほぼ間違いないことのようです。

この『錦繍枕』にはツツジの変わり咲き、それからサツキの変わり咲きがたくさん記載されています。いま、サツキの全盛時代ですからこの本も翻刻出版されています。

江戸の花ブームのさきがけは椿でした。次がサツキ、ツツジです。二代将軍の頃から、江戸城にたくさん名椿を植栽しまして、それの記録がいま宮内庁書陵部に伝わっている『椿花図譜』です。七百種類余りの椿の名花がきれいな極彩色で描かれています。これには葉は省略して花とその名前だけが書かれています。

サツキ、ツツジの次が菊になります。菊が非常に盛んになりましたのが、元禄から宝永・正徳の頃です。その頃までは、中国伝来の玉牡丹という菊が最高級とされていました。中輪と大輪の中間のような菊です。ところが、日本で実生《みしょう》の変種をたくさんつくりまして、享保の頃にはもう直径一尺六寸というような管咲《くださき》のすごく大きな見事な花がつくられました。その後、各地方で肥後菊とか、佐賀菊とか、伊勢菊とか江戸菊というような名花がたくさんつくられます。享保頃から日本の菊は世界最高になります。中国をはるかに抜きました。いまも日本の菊はすばらしい菊がございます。朝顔とか椿とか、特に福寿草などは、明治になりましてからぱたっと駄目になってしまいましたが、菊は皇室の紋章であるということもありまして、大事にされて没落しませんでした。

そしてやがて今度は寛政頃になりますと、ちょっと変わった「たちばな」という観葉植物が大流行

たちばなの図（右）
（『草木奇品家雅見』より）

しました。一鉢二千両などという見事なものが大坂でできたりいたします。「たちばな」はまず大坂から流行するのですが、たちまち京都にその流行が移り、名古屋に移り、江戸に移り、毎日毎日値段が高くなるというほど、たいへんな人気を呼びました。「たちばな」大流行時代というのが、寛政九年前後に四、五年続きました。その時の記録は方々に残っております。京都の三条富の小路の杉浦三郎兵衛さんという大商店がありましたが、私は、そこの元禄から幕末までの日記をずっと調べさせてもらったことがあります。その中に、寛政九年に「たちばな」が大流行して、二年ばかりしたらその流行がぱたっとやんでしまって、四十両、五十両、中には二百両も三百両もしたような「たちばな」の鉢が道端に捨てられるようになった、と書かれていました。

つまり江戸時代の花のブームには桜の花見あるいはツツジの花見、などのほかに、サツキとか、ツツジなどを盆栽にしてお金を稼ぐという、営利的な一面がございました。

名花の愛好は江戸のみならず、三都において流行しましたので、その三都における流行が、地方からまいりました大名や家臣たちによって地方に広まり各地のローカル文化を生んでいくことになりました。つまり肥後菊、伊勢菊、佐賀菊などといったようなものは、こういう形で地方文化が活性化した結果だということができると思います。

熊本の八代藩主細川重賢という大名が植物とか、動物、魚、といったものを実に詳しく写生をさせているのです。それは、宝暦から天明四年にかけての記録です。それがいま十六冊残っております。このうち八冊は全部写真を撮らせていただき、画中に書き込んであるものを詳しく読解して活字にいたしましたのが、『成城大学民俗学研究所紀要』第一二集に載りました「真写文化史上の細川重賢」です。目ぼしい図の写真を五十点ばかり入れました。重賢のこういう真写文化は熊本にいただけではとてもできなかったであろうと思われます。

細川家の江戸屋敷は、大手門に近いところにありました。重賢は、その江戸屋敷に生まれて、そこで亡くなったのですが、参勤交代で一年おきに国へ帰ります。その道中で、たとえば軽井沢で採集したとか、あるいは馬籠《まごめ》で採集したとか、姫路の近くで採集したとか、というような花や、蝶々、あるいは昆虫などを自分でくわしく書きとめています。また、幼虫が何の葉を食べるか、いつ蛹《さなぎ》になってその繭《まゆ》はどうか、それが蛾や蝶になり、卵を産みその卵がいつ孵《ふ》化《か》するか、そして寸法は幾らあって、何日目に皮を脱いで何度脱皮するかということを、実に詳しく書いています。これは「虫類生写」にも書いてありますが、「昆虫胥化《しょか》図」はすべてそれで、驚くべき調査記録です。

それから『江戸名所図会』には、今度は花の名所として萩寺とか桃園という所が出てまいります。

桃園（『江戸名所図会』より）

この桃園は、いまも中野に桃園という地名が残っています。ここは五代将軍綱吉が犬小屋をつくっていたところです。始めは五万匹ぐらい飼っていたらしいのですが、それがたくさん増えたり、捕まった野犬が次から次に、そこで飼われたりしまして、犬の餌代だけでもたいへんだったようです。

綱吉が亡くなって、生類《しょうるい》憐れみの令は直ちに翌日、廃止されます。そしてこの犬小屋の犬も全部処分されました。そこは、そのまま放置されて、荒れ果てたままになっていました。そこへ八代将軍吉宗が鷹狩りにまいりましたときに、その荒廃している犬小屋を見て、そこへ桃の木を植えさせました。その広大な地所に植えられた桃が見事に花を開くようになり、桃の名所として有名になって、大勢の人が桃見に行くよう

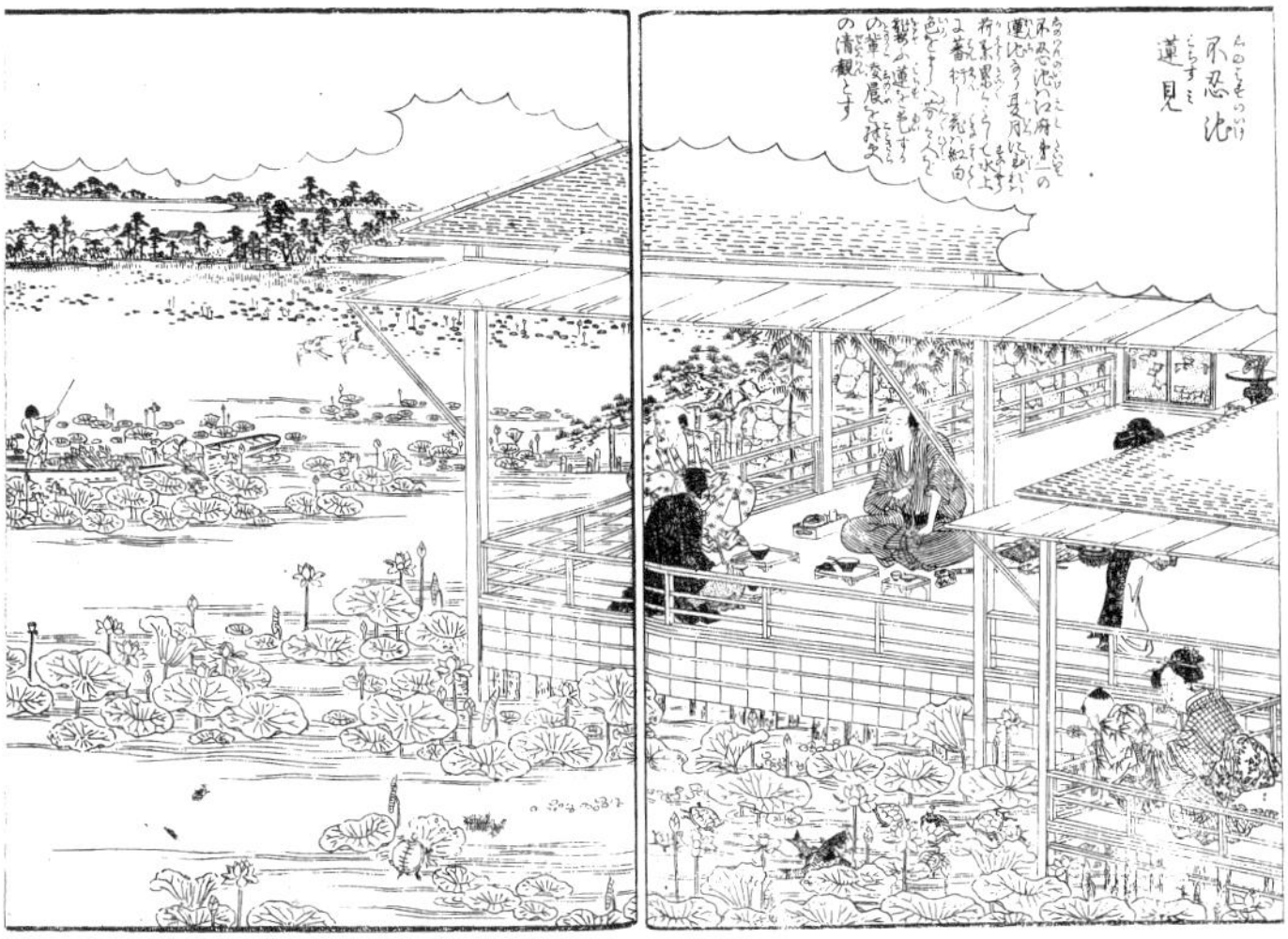

不忍池の観蓮（『江戸名所図会』より）

になりました。清長の浮世絵とか、歌麿の浮世絵にもこの桃園が描かれています。講談社から出た『秘蔵　浮世絵大観』のなかのイタリアのキヨッソーネ美術館、それから大英博物館の巻の中に桃園の浮世絵がありまして、びっくりしたのですが、それで桃園というのは何だろうと思っていろいろ調べましたら、そういうことがわかってまいりました。この図では桃がたくさん咲いておりまして、いろいろな人がそれを見に行っているのですが、桜の花見のようなドンチャン騒ぎはしなかったようです。

それから、日本では蓮はもっぱら仏さまと関係の深い花ということで、蓮の花見というのはあまりしませんが、江戸の不忍池で夏、観蓮節といって、蓮の花見をしたのです。大田蜀山人とか当時の文化人たちが蓮の花見をしたことが、

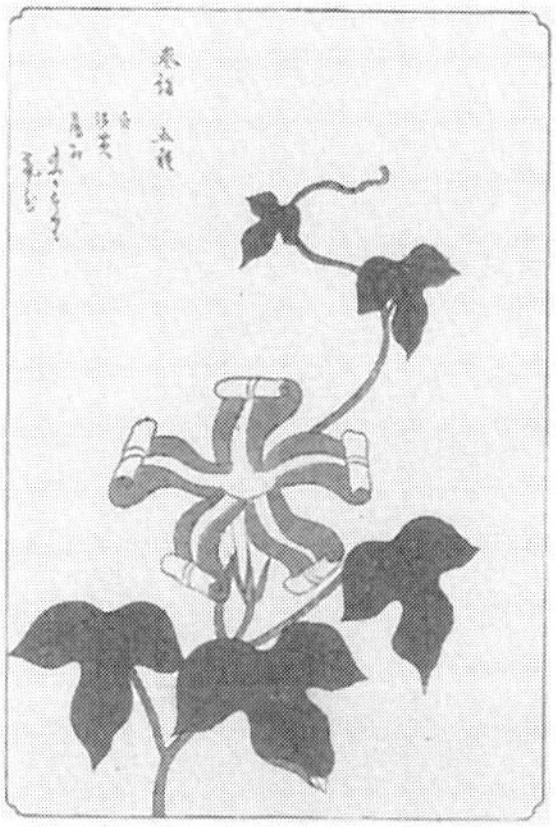

「巻絵」という変種朝顔
（『あさがほ叢』より）

『江戸名所図会』に載っています。

日本では蓮はそれほど豊かな文化を持っていません。法隆寺の壁画とか、東大寺の大仏さまの蓮台であるとかいったような、仏教臭の強い絵や造形が多いのですが、芭蕉の七部集などにも、「暁のめをさまさせよはすの花（乙州）」とか、「穐風《あき》や蓮をちからに花一つ（詠人知らず）」「蓮の香も行水したる気色哉」というのがある程度で、蓮は句や歌にもあまり出てきません。

しかし江戸時代には中国文化をたいへん崇拝した文化人、たとえば荻生徂徠のように中国一点張りの人がいました。漢文も中国語で読まなければ駄目だというので、徂徠は中国語を始めたほどです。それほど徹底した人がいましたから、中国文化はあらゆる分野で江戸の文化人に大きな影響を与えました。そういうことから観蓮節というのが中国の影響で、日本でも不忍池で行なわれるようになったのではないかと思います。この観蓮節は陰暦の六月二十四日に行なわれました。

というようなことで、いろいろな花を見歩くことを日本人は江戸時代に特に盛んに行なうようになりました。私の著作集の第四巻『近世文化の研究』のなかに、「嘉永文化試論」という題目で書いてあるのですが、文化十四年（一八一七）に、『あさがほ叢《そう》』という本が出版されました。これは上巻に五十種類、下巻に五十種類、合わせて百種類の実に変った朝顔が描かれております。たとえば、蘂が花弁になってしまっているものとか、いま私どもが普通に見る朝顔とはまるで変わった形の朝顔が多いのです。変種ですから種が取れません。そこで、その変化朝顔ができる前の段階の朝顔から種を取りまして、それをどういうふうに交配したらどういう朝顔がでるかといった、メンデルの法則にあたりますような法則を発見しておりまして、そのことが巻末には詳しく書いてあります。これは驚きです。

いま、七月七日には入谷の鬼子母神《きしぼじん》で朝顔市が開かれます。この朝顔市は、文化・文政の頃から始まりました。成田屋という朝顔作りがおりまして、たぶん植木屋だったのでしょう。成田屋というのですから、団十郎びいきでして、その人が団十郎朝顔というのをつくりました。これは団十郎の柿色をしたものです。団十郎色というのは、「暫」に出てまいりますすごく大きな衣装の色なのですが、その色の朝顔をつくったのです。茶色と朱色とを混ぜたような柿色です。それを柿色と言わないで、団十郎色といったのです。八代目団十郎の似顔絵を朝顔と一緒に染めた手拭とか、絵葉書のような刷り物をつくったりした、という記録が入谷鬼子母神にはあります。朝顔は文化年間に異常なブームになりますが、文政の頃はちょっと朝顔が下火になりまして、観葉植物がものすごく栄えました。

それから、享保年間に伊藤伊兵衛の家の三代目ぐらいの人でしょうか、その人が『歌仙百楓』という本を著わしました。先の三十六歌仙と後の三十六歌仙と新種二十八歌仙とで、合計百種の、紅葉の図と名前が記されています。この紅葉鑑賞というのも非常に盛んになります。その他、寛政頃には福寿草、花菖蒲、こういうものが盛んになりました。福寿草は秩父の山にいろいろな自然の福寿草がありまして、それを交配いたしまして、白の福寿草とか、ナデシコのようなもの、桔梗《ききょう》のように咲くものとか、八重の福寿草、赤い福寿草など、いろいろさまざま二百種類ぐらいできたのです。

花菖蒲の方も、変わった、非常に美しい種類が寛政頃にできました。後の肥後花菖蒲、それから明治神宮の花菖蒲、堀切菖蒲園の花菖蒲などは、だいたいこの時期のものが伝わったものです。

椿なども、肥後椿というのは、だいたい一重でありまして、蘂が非常にたくさん出ています。花がちょっと変わっているというだけでなくて、盆栽椿というところに特色があります。山取り法と申しまして、山へ行って藪椿、つまり天然の、面白くゆがんだ木だとか、凹凸のはげしい大きな株の木だとか、珍しい椿の木を切りとってきまして、鉢の中に根っこを土で埋め、そして幹の先端に名椿を一芽継ぐのです。そうすると、その芽を成長させるために根が出ます。そして太くたくましく曲りくねった椿の幹に芽が出てきて、十年ぐらいたつと、枝を整えられて、すごい格好の盆栽になります。これが肥後の山取り椿というものです。この山取り椿は秘伝にして、公開されなかったのですが、最近わかってまいりまして、私もそれを教わりました。

二　月　見

次はお月見の話です。私はかなり詳しく月見の歴史について調べたことがあります。月見は古くから行なわれておりまして、月を詠んだ歌とか句は非常にたくさんあります。我々日本人はきわめて豊かな月の文化を持っております。

島崎敏樹という、藤村の孫にあたる人で、精神科の医師がいらっしゃいましたが、その島崎さんが月の文化はほんとうに多いけれども、星の文化は日本にはほとんどない。その中でも建礼門院右京太夫の星の歌「月をこそながめ馴れしが星の夜のふかきあはれを今宵しりぬる」というのがほんとうに素晴らしい、と朝日新聞に書かれたことがありましたが、月の文化はまことに豊かです。

特に江戸時代は庶民の間で月見が盛んに行なわれました。五月の二十八日から六月、七月、八月と、ずっと隅田川では川遊びが行なわれておりまして、八月十五日はこの隅田川で月見をしています。また綾瀬・真崎・三派《みつまた》などでも月見をしましたし、小奈木川・鉄砲洲・芝浦・高輪・品川・不忍池などでも大勢の人が月見に集いました。この日は宵の月の頃から、富岡八幡宮をはじめ、江戸のあちこちの八幡宮、三田八幡・西ノ久保八幡・市ヶ谷八幡などの祭礼が月見をかねて行なわれました。

『東都歳事記』には、「家々、団子、お御酒、芒《すすき》の花など、月に供す。清光のくまなきに浮かれ、船

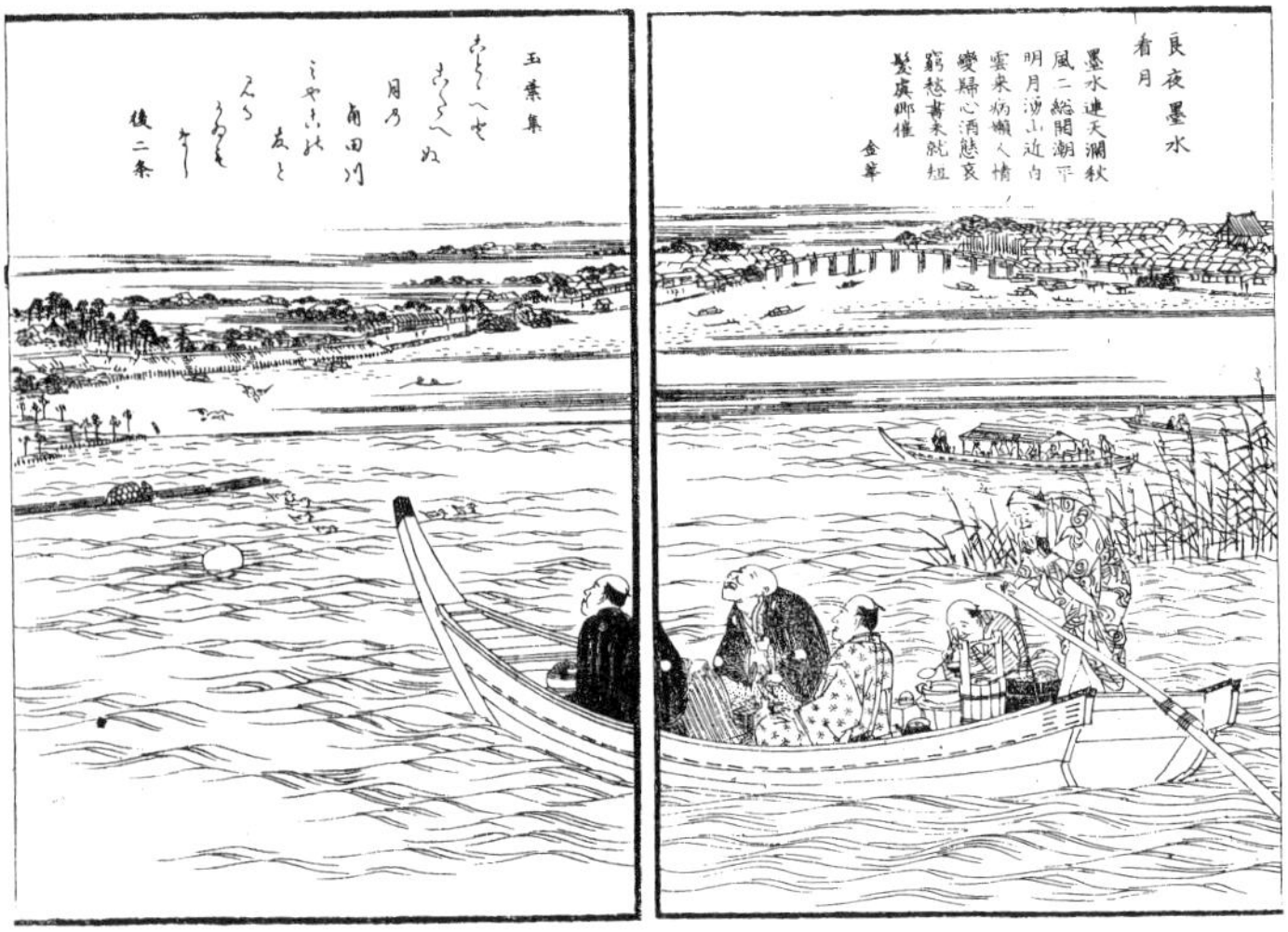

隅田川の月見（『東都歳事記』より）

を浮かべて月見をなす輩多し。今夜、吉原の賑はひ大方ならず、廓中のならひとして遊女より馴染の客へ杯を送る事、宝永の頃角山口の太夫香久山より始りけるとぞ。また待宵、既望《いざよい》ともに賑へり。元禄の頃までは良夜に三派《みつまた》の月見とて、舟にて大川へ出、たのしめる事あり。此夜に限り、官のゆるしを得て花火をともしけるとなり。享保の頃にいたりては、此事少かりしよし。江戸砂子拾遺にいへり。中古までは麻布、六本木、芋洗ひ坂に青物屋ありて、八月十五夜の前に市立て芋を商ふ事夥かりし故、芋あらひ坂と呼びけるなり。近来は坂上に市立り。／名月やここ住吉の佃島（其角）／名月や富士見ゆるかと駿河町（素龍）」という月見の記事があります。

月見はこのくらいにいたしまして、詳しいことは、歳時記などに月見について書いてありますから、そういうものをごらんください。

三　虫聞き

次は虫聞きです。いまも邯鄲《かんたん》を聞く会が行なわれていまして、私も誘われたことがあります。これが『江戸名所図会』の虫聞きの図で、「道灌山《どうかんやま》むしきき」という見出しが付いています。これにはこういうことが書いてあります。「文月の末をさかりにして、名にしあふ虫塚のあたりをきぜつとす、詞人吟客とくに来りて終夜その清音を珍重す。中にもまつむしのこゑはすぐれて艶《うるわ》しく、はたおりきりぎりすのあはれなるに、すずむしの振捨がたく、思はず有明の月を待出たるも一興とやいはん。」

豊かな自然が、おそらくこの道灌山のあたりにはまだありまして、そして江戸の人びとは、虫を聞いて楽しんだのです。すこし平らなところに筵《むしろ》を敷きまして、三人で虫聞きをしています。その一人はワイングラスのようなものを左手に持っていますから、なかなか洒落たお酒を飲んでいるんでしょう。その左の方には虫籠を持った子供を連れて二人の女性も虫聞きに来ております。おそらく道灌山のほかでも至るところで虫聞きをしたものと思います。今では想像もできないほど自然が豊かであったのです。たとえば、夏の頃ですと、大塚の教育大学のあたりから小石川植物園あたり一帯にかけて、ホトトギスの鳴く声がやかましくてしようがないという記録があります。ホトトギスが鳴いていただ

道灌山での虫聞き（『江戸名所図会』より）

けではなくて、六義園には鶴が舞い下りて、そこに住んでいた柳沢信鴻《のぶとき》が非常に喜んだことが、『宴遊日記』の中に書いてありますし、神田とか上野のあたりの若者たちが、不忍池の西側、いま横山大観の美術館があるあたりの道を通って根津神社のところにあった遊廓へ遊びに行くのに、不忍池の鵞鳥《がちょう》がやかましくてしようがない、という川柳が残っています。

十一代将軍が鷹狩りで取った鶴を、橋場の料亭、八百善《やおぜん》の庭木に青い竹に縛りつけてぶら下げて休憩しました。その鶴を、たまたま来合せていた酒井抱一が面白いと思って、スケッチした絵が残っています。このように江戸の町には鶴が飛んでいましたし、雁はしょっちゅう飛びますし、白鳥も、鵞鳥も来ていました。

さらに、根津のところから不忍池に流れ込んでいた川がありました。その川の方へちょうど谷中の道灌山から下りて行ったあたり、その辺を蛍沢と言いまして、蛍の名所でした。だから蛍狩りにも行きました。享保年間のことですが、二代目団十郎の『市川栢莚舎事録《はくえんしやじ》』という日記風の思い出を書いた記録が残っています。この二代目団十郎の別荘がいまの目黒の雅叙園のところにありました。その別荘へ興行の休みのときに行くわけです。するとそこへ日本橋や江戸の町の中の俳優や友人たちが遊びに行きまして、俳句の会をする。俳句の会をしたあと蛍狩りに行くというので、目黒川のほとりで蛍を楽しんだ、ということを書き留めています。

四　雪　見

次は雪見。いまは雪見ということはしませんが、昔の江戸では雪見というのがありました。これも面白い絵が幾つかあります。

これが有名な深川の二軒茶屋です。深川八幡の近くにありました。深川には明和の頃に桝屋という料亭ができまして、これが江戸の料亭の始めだという説が長い間行なわれていたのですけれども、そうではなくて、料亭は、この前「浅草の図」でごらんに入れましたように、もう享保頃には浅草にできていまして、宝暦の頃には浅草の並木通りに伊勢屋という百何十人もの札差やその周辺の人びとが大宴会をする料亭ができておりました。そして明和の頃になって二軒茶屋とか桝屋とかいう深川の料

二軒茶屋での雪見（『江戸名所図会』より）

亭が繁盛するようになるのです。

これは、その二軒茶屋で部屋の中に火をがんがん起こして、その火の周りで温かい食事をしながら、深川の海の近くの松の木などに雪が積もっている美しい風景を楽しみながら雪見酒を飲んでいるという、風流で贅沢な光景です。

余談ですが、私は、『家元の研究』を書くときに京都のいろいろな史料を読みましたが、その中に、雪が降ったので、藪の内流茶道の家元が雪見に出かけて、今熊野《いまぐまの》のところで知人にばったり出会って、こんなところで今頃何をしているのか、と問われて、今日は雪見に来ているんだと言ったら、さすがにお家元だといって感心されたという文章があったのを憶えています。

江戸の雪見は、この二軒茶屋のみならず、巣鴨のあたりでもいたしましたし、長命寺の境内の竹藪の中には芭蕉の句碑があって、それには、「いざ行かむ雪見にころぶ所まで」という句が彫られていますが、その絵が伝わっています。長命寺は、先ほど花見のところでごらんに入れましたが、いまも三囲《みめぐり》稲荷のちょっと上手のところにあります。名物の桜餅はいまでも売っております。

雪見というのは、月見とだいたい似かよったところでしていたようです。北斎の『隅田川両岸一覧』は、川向こうもこちら側も同時に、下手のほうから上手のほうへ、春・夏・秋・冬という形で描いています。その最後のところに、真崎稲荷のあたりの雪見の景色が描かれております。いまの『名所図会』に描かれた二軒茶屋の雪見は、部屋の中から外を見た、そういう雪見なのですが、キヨッソーネ美術館に残っております真崎稲荷の雪見の図などは、隅田川に浮んでいる屋形舟の中から雪見をしているらしい風景が描かれています。おそらく江戸では隅田川で舟から雪見をした人がいたのだと思います。私は雪が降りますと、六義園へ雪見に行きます。ほとんど誰も来ていないので、人のいない六義園を歩き回りますと、池のあたりはほんとうにきれいです。

五　菊　見

それから菊見ということが盛んに行なわれるようになりました。月岑の日記を見ますと、神田の雉子町を朝早くから出まして、歩いて昌平橋を渡り、御茶の水の土手を通って牛込へ行き、牛込から穴八幡のところを通り、高田馬場の北側に沿って歩き、途中から右に曲がって、七面さまとか、面影橋《おもかげばし》を渡って、そしてもうしばらく行くと坂になります、坂を越して鬼子母神にまいります。その鬼子母神のところに、茗荷屋《みようがや》というたいへん有名な料亭がありました。鬼子母神へお参りして、その茗荷屋でお昼の食事をします。それから護国寺へお参りして、染井へ行くのです。染井へ行きますと、植木屋がたくさんあって、そこに菊人形とか、いろいろな菊が見世物仕立てにしてあったのです。そこで菊見をいたしました。これは月岑の『東都歳事記』に載っております、染井の菊見の様子です。その菊を見て、今度は団子坂《だんござか》へまいります。団子坂でも菊人形やら菊見をする施設をつくっていたのです。ここも染井同様有料でした。入場料を取って、菊を見せたのです。菊見を終ると池ノ端に出て、池に面しましたところに蓮玉庵という蕎麦屋がありましたが、月岑は必ずその蓮玉庵へ寄って蕎麦を食べて帰りました。それだけの距離を歩いたのです。しかも毎年、菊の季節には三回ぐらい菊を見に行きました。

日本の菊人形というのは、能や歌舞伎の有名な場面を菊人形で表現するのです。たいへん日本的なものですが、この源流は京都の祇園祭とか、姫路の三つ山とか、名古屋に近い津島の祭などに出てくる非常に豪勢なお祭の山車《だし》がありますが、あの山だと思います。それらの山にはいろいろな作り物をつくりました。五条大橋の牛若丸・弁慶とか、熊坂長範が薙刀《なぎなた》を振るっているところとか、いろいろな場面を衣裳人形で作りました。狂言に『鬮罪人《くじざいにん》』というのがあります。祇園祭で今度やる出し物の

染井の菊見（『東都歳事記』より）

役を籤引きをして決めることになり、籤に負けた主人が罪人、使用人が鬼に決まり、その主人をさんざんにいじめる場面がありますが、祭の余興を決める伝統というのは非常に古いもので、こういう発想から菊人形も起こってきたのだと思います。そして、染井から菊人形が始まったのです。

いずれにしましても、平和が長く続きましたので、江戸の民衆たちは、すごい花をつくりだしたり、あるいは花を見て遊ぶ方法を洗練したり、といったように、世界の文化史上でも類のない精細多様できわめて高度な文化を創造し、楽しんだのです。月見などは、蘇東坡の「前赤壁《せきへき》の賦《ふ》」のような、「壬戌之秋、七月既望、蘇子、客と舟を泛《うか》べて赤壁の下に遊ぶ」という有名な賦がありますから、もちろん中国でも早くから文人たちが月見をしましたが、しかし庶民までが月見・花見・雪見・虫聞きをするというような行動文化は見当たりません。日本独特のものではないかと思います。

このほかに鶯の鳴き声を比べるコンクールなども盛んに行なわれましたし、さらに多くのことが行なわれましたが、あまり雑多になりますので、今日はこの程度で失礼をいたします。

第四講　祭　礼

一　日本の祭礼

今日は祭礼ということで、節分、雛祭、三社祭、七夕、天下祭というような項目をあげておきましたが、江戸時代の、江戸の町における祭礼につきまして全体的にお話してみたいと思います。

お祭は世界中の人びとが行ないますが、日本のお祭は、古くからの日本独特の珍しい行動文化だと思います。生きている人間の集団生活の中では、いろいろな矛盾が鬱積します。そういう矛盾をお祭という共同体の大きな行事によって吹き飛ばしてしまう。一人ひとりの人間がそこで自己解放を経験する、と申しましょうか、たいへん鬱憤がたまっていたのが晴れる、そして日常の生活を活性化していく、というようなことが行なわれます。それがお祭のいちばん重要な意味であったと私は考えています。

お祭には神さまの前に行って非常に敬虔な気持になるとか、そういう儀式的なことは、後世、お祭のスタイルみたいなものを考える上で出てきたことでありまして、本来は、神さまの前にみんながワッショ、ワッショと神輿を担いだり、わいわい騒いだり、その日だけは無礼講でどんなことを言ってもいいとか、たとえば関東各地では祭の日だけは他人の悪口をどんなに述べ立ててもいいというようなお祭があるところから見ても、神さまの前に集います共同体の人間はすべて平等であって、そして日頃威張っている人たちのことなどを、さんざんこきおろして胸をすかっとさせるといったようなことが、お祭の重要な機能だったと思います。

たとえば、歌舞伎の『助六』の揚巻《あげまき》は、意休《いきゅう》に、お前さんは意地の悪いやつだし、助六さんはたいへん素晴らしい。同じ海でも浅いと深いがあって、助六さんとお前とでは比べものにならないといったような悪態を、べらべらと並べたてます。こういうのは関東における民俗のデフォルメだ、と郡司正勝さんなどは考えておられますが、その悪態がお祭に行なわれることは、さっき申し上げたとおりです。祭礼というのはそういう意味で、都市生活の中における庶民の、いわば非常に素晴らしい自己解放であり、明日からの生活を活性化していく行動文化であったといえましょう。

江戸の代表的なお祭である天下祭・三社祭・富岡八幡の祭や天王祭などたいてい夏祭でしたが、それらは全部いま申しましたような意味をもっているのでありまして、借金してもお祭のためにはりこむといった町人の気魄が満ちあふれ、そういう都市生活における人間の生きざまの伝統が燃え上がっていたのだと言っていいと思います。

お祭の根源的な機能としては、祇園祭でも天満祭でも同じであったと思います。そしてそういうお祭があったということが、日本に革命がなかったことの、大きな理由だと私は思います。文化というものは、見える見えないは別にして、すべて何らかの形をとります。その形をとる文化のいちばん根源には、その民族の精神の、そして生きざまの哲学と申しましょうか、論理と申しましょうか、生き方の原理というものがありまして、お祭にしても、家元制度にしても、絵にしても、彫刻にしても、私は全部同じだと思っています。お祭の場合は、絵とか彫刻とかいったような形で見ることはできませんけれども、その行動のスタイルによって考えることができますので、今日はそのような幾つかを皆様とともに見てみたいと思います。

二　七夕祭

今日は、まず七夕《たなばた》のことからお話をしてまいりましょう。

日本民族にとって七夕とはどういうものであったか、ということを私は詳しく調べたことがありますが、今日は一部だけを皆様にごらんに入れます。

まず最初は『万葉集』に出てまいります七夕の歌ですが、湯原王の七夕の歌二首とその返歌、市原王の七夕の歌一首の他に、秋の雑歌の七夕のところに九十八首（一九九六番—二〇九三番）あります。

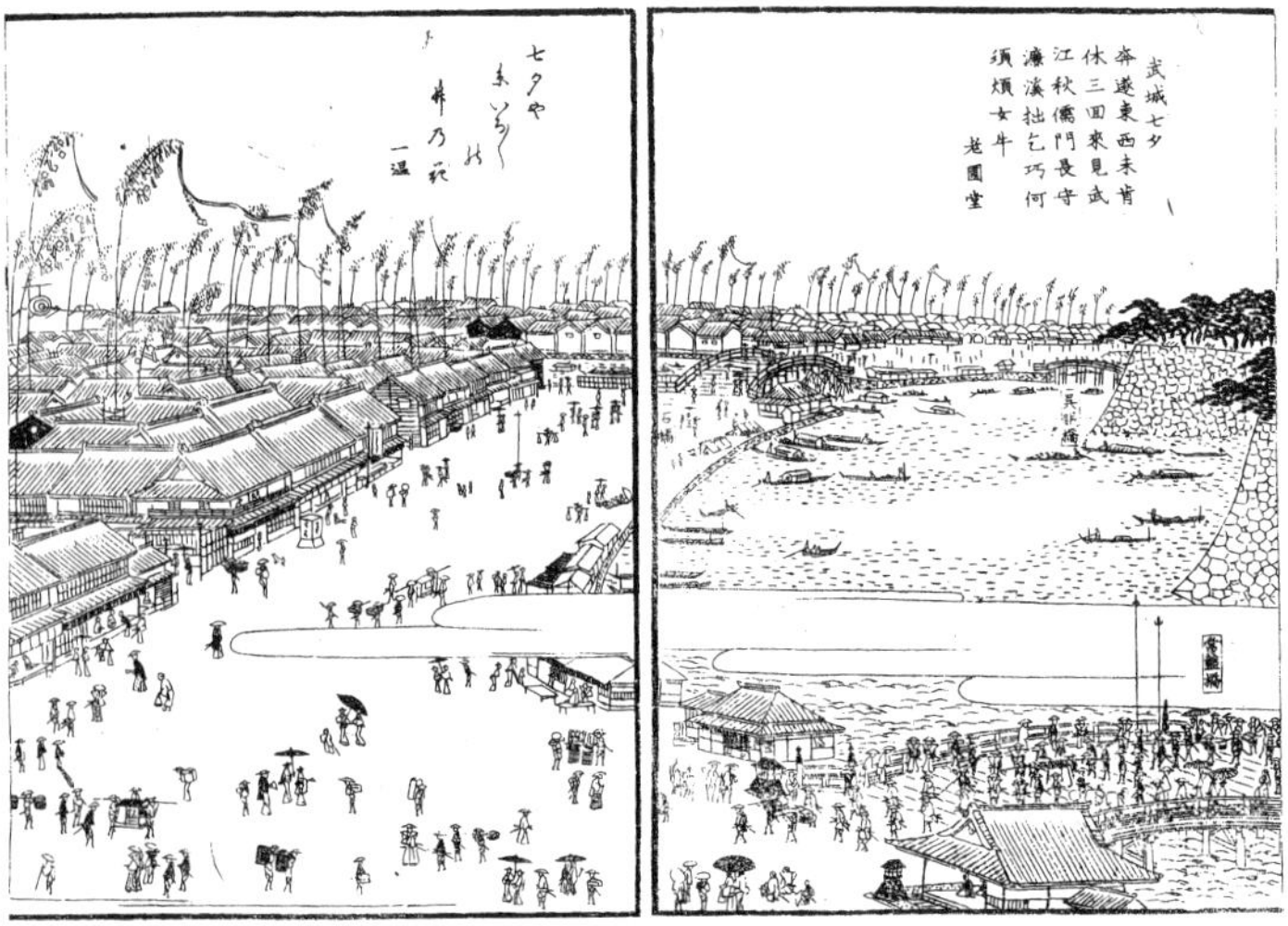

七夕の図（『東都歳事記』より）

『万葉集』には、まだ他にも七夕の歌があります。私は、『万葉集』にこれほど多くの七夕の歌があるということに驚きました。ここで全部読み上げるわけにまいりませんけれども、牽《けん》牛《ぎゅう》と織女《しょくじょ》の二つの星が、一年に一度だけ七月七日に会うという、ロマンティックな物語が歌にたくさん詠まれております。たとえば、二〇四四番というのをごらんください。「天の河霧立ち渡り彦星の楫《かじ》の音《と》聞ゆ夜の更けゆけば」。その次の二〇四五番「君が舟今漕ぎ来《く》らし天の河霧立ち渡るこの川の瀬に」とか、まことにいい歌がたくさんあります。それで私は、この歌になぞらえまして、九州唐津の虹の松原で、海の上を漂ってまいりました竹を拾い上げてつくった円穴のあいた非常にロマンティックな茶杓に「楫《かじ》の音《と》」という名前をつけて、一昨年の七夕の茶会でそれを披露しました。他の七夕の歌も、お読みいただきますと、素晴らしい歌であることがおわかりいただけると思います。

余談になりますが、『万葉集』にどんな歌が載っているかを調べるのに最もいいのは、中西進博士が講談社文庫に万葉集を全部校訂し注を付けておられて、その第五巻が『万葉辞典』になっています。それを見ますと、七夕の歌がどこにあるかということが全部出ております。

それから、他の勅撰和歌集や私撰の和歌集を『国歌大観』で当たってみましたら、七夕の歌がすごく沢山ありました。これは驚きでした。それほど日本人は『万葉集』以来、七夕という行事を大事にしてきたのだということがわかりました。特に『万葉集』にいちばんたくさんあるのですけれども、江戸時代には、『万葉集』はあまり人気がありませんで、むしろ『古今集』に人気があったと見てよいのです。特に川柳などは、『万葉集』の歌を本歌とした、あるいはそれを拠り所にしてつくったというのは少ない。文学や歌舞伎を見ましても、『古今集』『伊勢物語』『源氏物語』などはほんとうにたくさん出てきます。だから川柳というのは、『伊勢物語』『源氏物語』『古今集』『新古今集』、ああいうものを暗誦しているぐらいでないとよく解釈できません。

江戸時代は驚くほど平安的でした。ですから、この七夕も勅撰和歌集時代に非常に盛んだったように、実に盛んに行なわれました。

前頁の図をごらんいただきたいと思います。この図は『東都歳事記』の秋のところに載っている図です。場所は右の下のほうに常盤橋と書いてあります。そしてずっと向こうを見ますと、呉服橋という橋が見えております。そしてそのすぐ左側にもう一つ橋が見えておりますが、これは一石橋《いっこくばし》です。一石橋というのは俗称です。この橋の上に立ちますと橋が八つ見えるというので、本当は八見橋と申しました。一石橋は、呉服の後藤縫之助《ぬいのすけ》の店と、金座の役人後藤庄三郎の役所との間にある橋で、ゴトウ（五斗）とゴトウで一石、と洒落た名称が寛文年間から一般に行なわれました。

常盤橋を右に見て、はるか向こうに呉服橋を見て、その途中、一石橋を見て、左のほうに日本橋がありますが、この一帯が江戸のシビック・センターでした。そして、そのあたりの家々に、このように七夕の竹が立ち並んでいたのです。この様子をもう少し詳しく書きましたのが、安藤広重の『名所江戸百景』の中の、「市中繁栄七夕祭」です。ちょっと読み上げてみます。なかなか面白いものです。

「江戸時代の七夕祭の盛況は今日に於ては見る事が出来なくなつた。毎年七月六日から七夕祭とて竹の枝に五色の紙を色紙短冊に切り結んでつけ、屋根の上より空高く立てる。之れは牽牛織女に奉るのこゝろである。此七夕竹をうるものは、竹の程よきを見はからい荷ひながら市中を売歩く、『竹や竹や』の声は裏屋に至る迄聞ゑる。此竹を買うて、色紙を結んだり、酸漿《ほおずき》を幾つとなく結んだり、色紙で網の形に切つたものや吹き流しをこしらへてつけたり、さては紙製の算盤、硯、筆、水瓜の切口、鼓、太鼓、大福帳などを吊りて、七月六日から七日へかけて立てる。其美事なる事空も掩ふばかりで、江戸の繁昌は之れを見ても直にうなづかれる。而《そう》して七日の夕に一本残らず取払ふて川に捨てゝ了《しま》ふ。

広重「市中繁栄七夕祭」(『名所江戸百景』より)

又七月七日には江戸中井戸浚《ざら》へをする風習があつた。」

江戸の七夕は、このように青葉のついた長い竹を物干しとか屋根の上とかに立てたようでして、おそらく非常に盛観だっただろうと思われます。七夕の日にはカジの葉をとりまして、そのカジの葉に願い事を書いて、立てた竹の枝に飾り、翌日川に流しますと、それが海に流れ出て、やがて天の川に流れていく、そして願い事が叶うと信じられていました。それで、江戸時代にはカジの葉に願い事を書いてお祈りをしている絵もあります。

三　天下祭——山王祭と神田祭

次は山王祭です。滋賀県の大津から少し西北のほうにまいりますと、山王日吉神社というのがあります。これは比叡山のお守りの神社ということになっていまして、猿が神さまのお使いとみなされているのです。その山王日吉神社を江戸に勧請したのが、赤坂の山王日枝《ひえ》神社です。赤坂の山王日枝神社はいまは狭くなっていますが、江戸時代にはもっと広かったのです。

その山王さまと、もう一つは大手町のパレスホテルから少し神田のほうにまいります右側に将門塚というのがあります。この将門塚というのは、平将門《まさかど》の首が、俵藤太秀郷に切られたときに、その首が天空高く舞い上がって、大きな唸り声をあげて京都の帝に食いつくために飛びました。その首がどうしたことか、ちょうど将門塚の所へ落下してしまった。それでそこを神田といい、そこに将門をお祀りして、神田明神ができたと伝えられていました。この神田明神を江戸城築城のために取り払って、いまの神田明神のところへ移したのです。そして小さな塚だけになりました。将門は関東ではたいへんな人気がありまして、江戸時代には将門のお芝居などさまざまありますが、将門のことをお芝居に書いたら、必ずその人はその年か翌年に死ぬ、という伝説が生れました。近松も最後に将門の息女小蝶前を脚色した『関八州繋馬《かんはつしゅうつなぎうま》』を書いたらその翌年死にました。鶴屋南北も、『金幣猿嶋都《きんのざいさるしまだいり》』という将門の芝居を書きましたら、翌年に亡くなったのです。そういう祟りがあるといったことが、ほんとうに信じられていたのです。

江戸では山王神社と神田明神との両方が将軍の産土神《うぶすながみ》でありまして、天下様を氏子にしているというので、この二つの神社の祭を天下祭と呼びました。最初は山王祭のことを天下祭と言っていたのですが、一年交替で行なわれる山王祭と神田祭をそれぞれ天下祭というようになり、両方合わせて天下祭と後には言われるようになったようであります。

この『江戸名所図会』には、「六月十五日山王祭」と書いてありまして、麴町一丁目の作り物が出ているところです。そして左の上のところには、「我らまで天下祭や山車《だし》ぐるま」という其角の句が書いてあるのですが、これが天下祭というのが文献上に現われる、初めです。私はいろいろな文献で天下祭という用例を探しておりましたが、これが最初です。このあとにも長い間、天下祭と書いたも

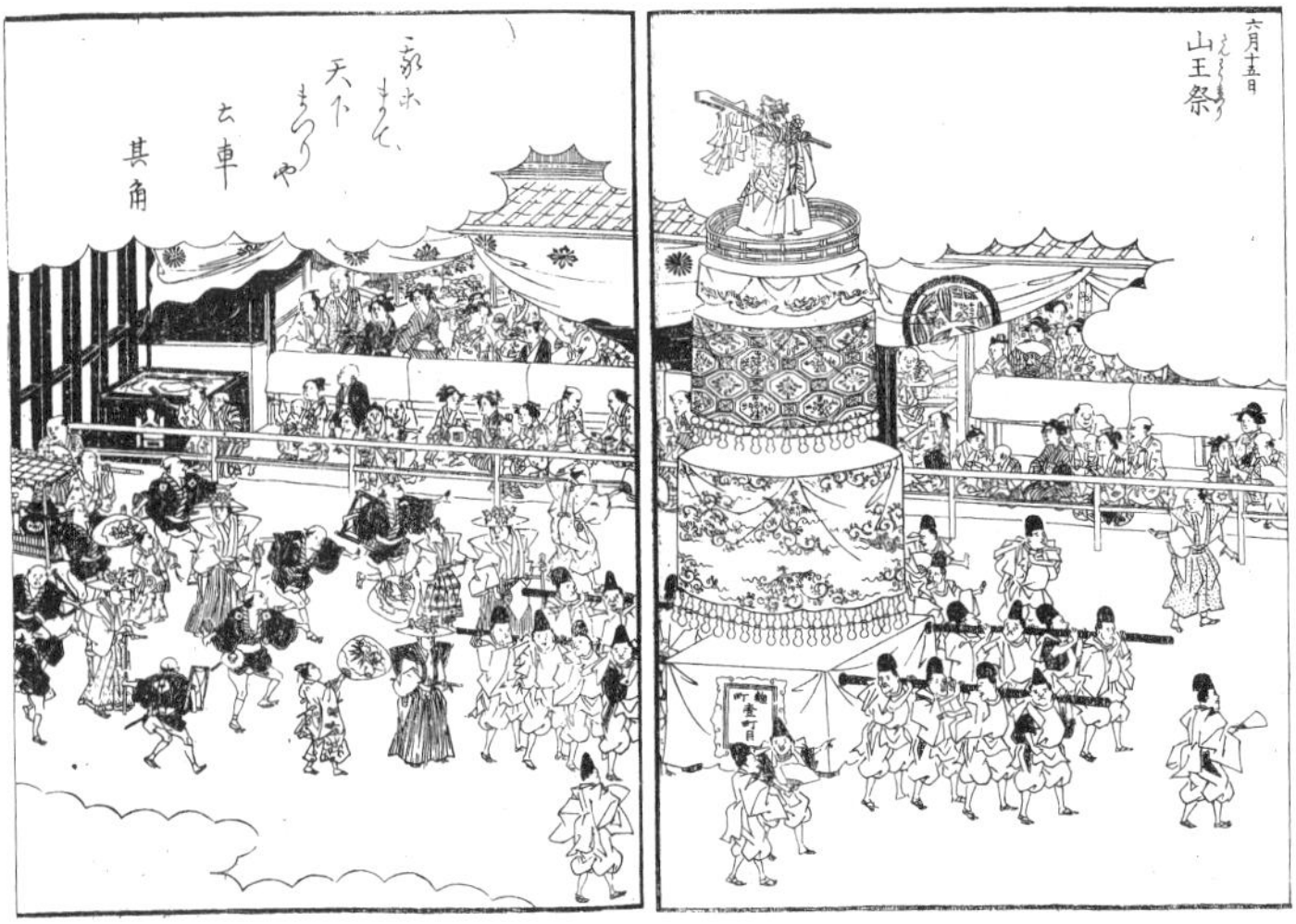

山王祭（『江戸名所図会』より）

のは見当たりません。

山王祭では、山車の順序が決まっておりまして、いちばん最初は大伝馬町の山車がまいります。それから二番目に南伝馬町がまいります。その次にこの麹町一丁目がくるのです。

「其二」の図は、山王祭の行列が江戸の町々を進行して、神輿の渡御《とぎょ》をしているところです。どういう道順でまいりますかはのちほど申し上げます。

「其三」をごらんください。これも神輿の渡御風景です。それぞれの家のところは幔幕を張りめぐらし、何段か桟敷の段を組んであって、その段の前には囲いがしてあります。これは一宮、二宮、三宮という順序で神輿が渡御して行くところです。

それから四番目に描かれているのが、茅場《かやば》

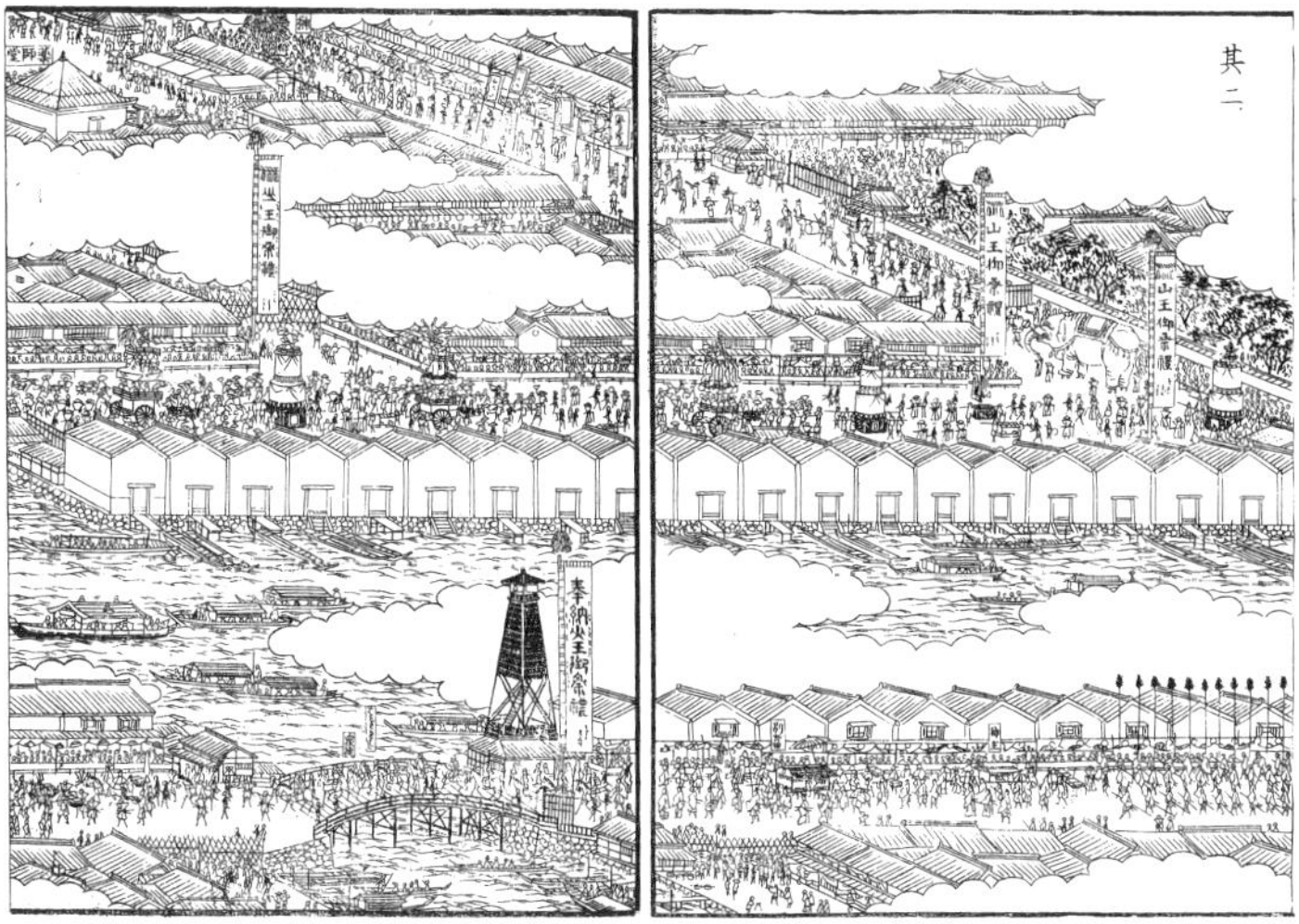

山王祭（其二）

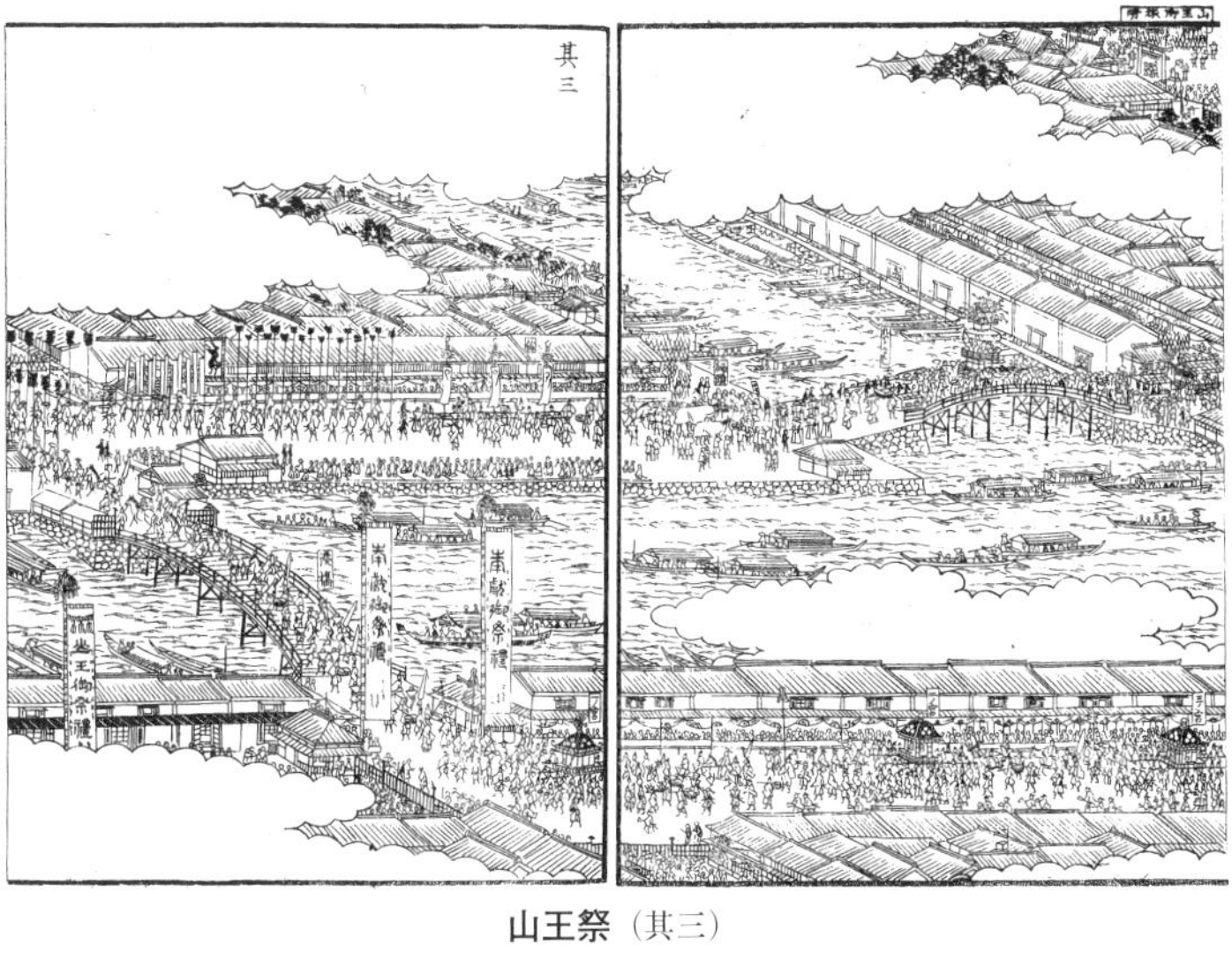

山王祭（其三）

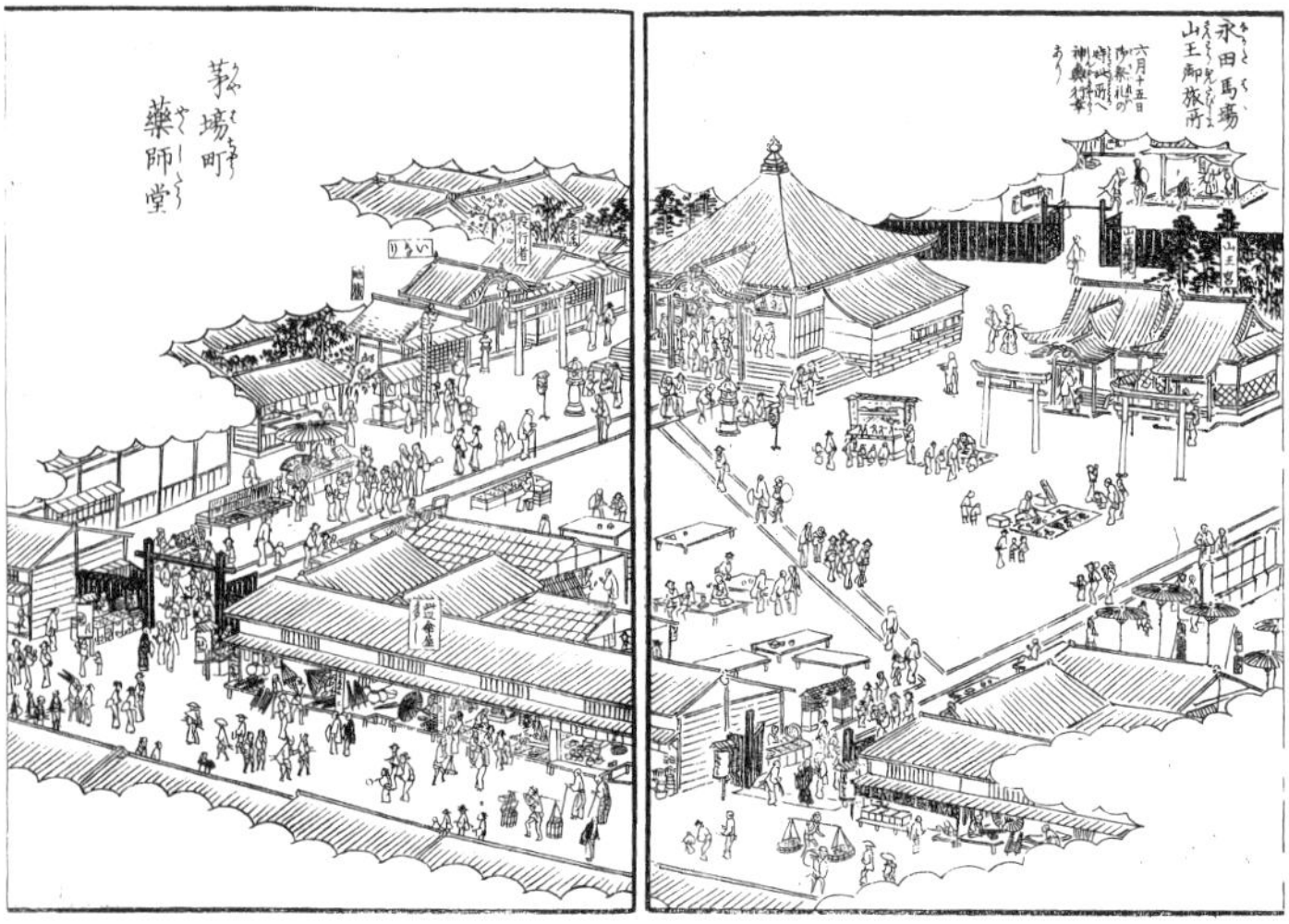

山王祭のお旅所

町《ちょう》薬師という山王祭のお旅所《たびしょ》です。ここでいろいろな儀式をいたしました。京都の祇園祭では四条のお旅所まで行きますと、その晩と次の晩と三日ぐらいお旅所にとどまっているのですが、江戸の山王祭、神田祭では、お旅所まで行きますが、その日のうちに神輿は神社に帰ったようです。

　では次に、この山王祭の行列の順序について申しましょう。いちばん最初に大伝馬町の巨大な鶏の山車が出ます（一一三頁図参照）。二番目は南伝馬町の猿の山車。猿は山王さまのお使いですね。それから麴町は一丁目から十三丁目までありまして、平河町と山本町とを合わせて笠鉾六本と猿の山車を出しました。猿は南伝馬町の猿と麴町の猿とが、雄と雌であったそうですが、それを一年おきに進行させた、と『東都歳事記』に書いてあります。

天下祭は山王祭と神田祭が一年交替で行なわれました。しかし、一番の大伝馬町と二番の南伝馬町は毎年、山王祭のときも神田祭のときも進行の先端を行ったのです。南伝馬町は昔の中橋（旧ブリヂストン美術館のところ）から京橋までの町で、そこの町名主が高野という人で、伝馬制度の総元締をしておりましたが、その総元締は後に大伝馬町のほうに移りました。しかしその大伝馬町、南伝馬町とも、江戸および全国における重要な町であったようでして、この山王祭、神田祭とも天下祭にはいちばん大きな権限を持っていまして、ほかの町々は全部一年おきだったのに、この二つの町だけは毎年天下祭に参加し、神輿渡御の先頭を切ったのだということを今度知りまして、たいへんびっくりしました。

そしてこの山王祭の山車や神輿がどのような道順で行ったかと申しますと、まず山王神社を早朝暗いうちに出発しまして、夜明けの頃に山下御門にさしかかります。新橋から品川寄りのあたりに山下御門という立派な門がありました。それから日比谷御門を通って、堀端に出ます。桜田御門の前を左のほうへ進んで行き、いまの警視庁のところにあった黒田屋敷の南側を通り、右へ番付坂を登りました。ここに、最初が大伝馬町で、二番目が南伝馬町で、次が麴町で、それぞれどういう山車を出すかというようなことを書いた祭礼番付を出しましたので、番付坂といったそうです。そこを登りまして、山王神社の前へ出ました。そしてその当時の神社の前を右へ曲り、永田町を通り、梨の木坂を下って、お堀端に出て、そこから半蔵門を江戸城の中に入って行きました。

江戸の祭で、江戸城の中に祭の行列が入れたのは、山王祭と神田祭だけです。半蔵門を入り、半蔵門から竹橋御門まで江戸城の中を突っ切りまして、そして大手門へ出ます。酒井家のあったのがいまのパレスホテルのところです。そのあたりから、今度はずうっと回りまして茅場町の薬師のお旅所へ行って、それからぐるぐる回って、また山王神社まで帰ったのです。この道をもっと詳しく知りたい方は、『東都歳事記』をごらんください。

月岑の日記を見ますと、神田祭がない年は、神田明神の地域の名主たちも、江戸城の中には入らないのですが、全部紋付袴で、半蔵門のところまでは出て、この山王祭の渡御を見送りました。

祭の行列は、まだ朝早いうちに江戸城に入って行くのです。そして将軍を初め幕府の重臣たちが祭の様子を見る台ができていて、その前を静々と行くのではなくて、芝居をしたり、踊りを踊ったりしながら行ったのです。こういう形で山王祭は進行しました。

その山王祭が行なわれたのは、旧暦の六月十五日ですから、今の七月か八月の始めぐらいに当たるわけで、最も暑いとき、つまり夏祭として行なわれたのです。

日本の祭礼は、春祭と秋祭、つまり春は秋の収穫が豊かであるようにというお祈りの祭、秋は実りが豊かでありがとうございましたという感謝の祭という、春祭、秋祭が主体でありましたが、京都のような都市生活が大きく進展することになって、疫病を退散し、さらに都市生活を活性化するといっ

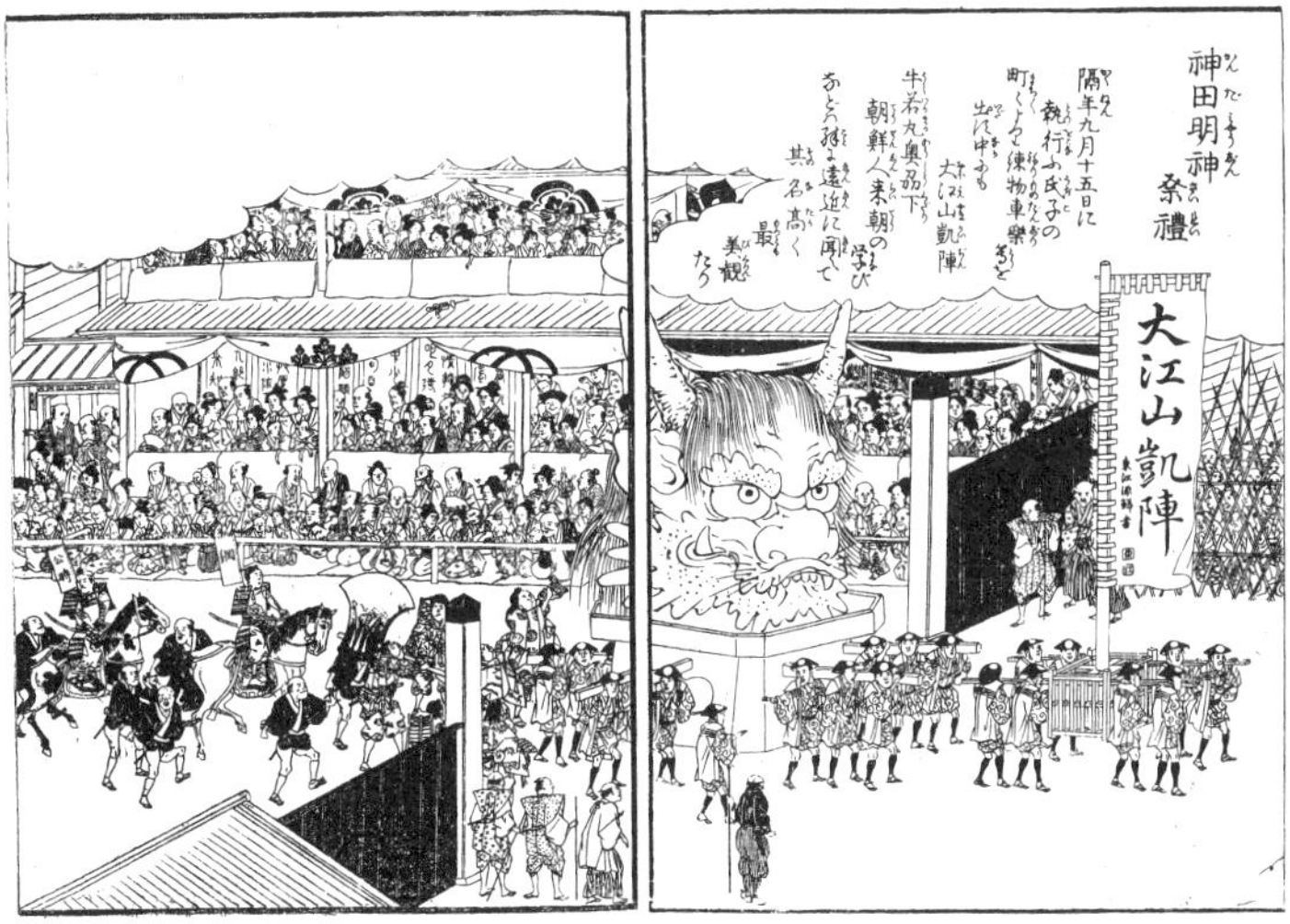

神田祭（『江戸名所図会』より）

た意味で夏祭が行なわれるようになるのです。特に京都では、加茂川の洪水のあとなどは非常に衛生状態が悪く、病気が大流行をするということがしばしばありましたので、祇園祭が行なわれるようになったと言われております。そういう京都の祇園祭という夏祭が起点になりまして、都市の夏祭は大坂の天満《てんま》の祭、そして江戸の天下祭というように展開していくのです。

ところで、山王祭の行列の中に非常に大きな象の出し物があります。寛文時代の『江戸名所記』にも、すでにこういう象の出し物がつくられて歩いていたことが記されています。『江戸名所図会』の「其二」にも小さく描かれていますが、『東都歳事記』のほうには、象の傍で南蛮人、それから朝鮮使節の仮装をした人たちが行列をしている図が載っています。このように

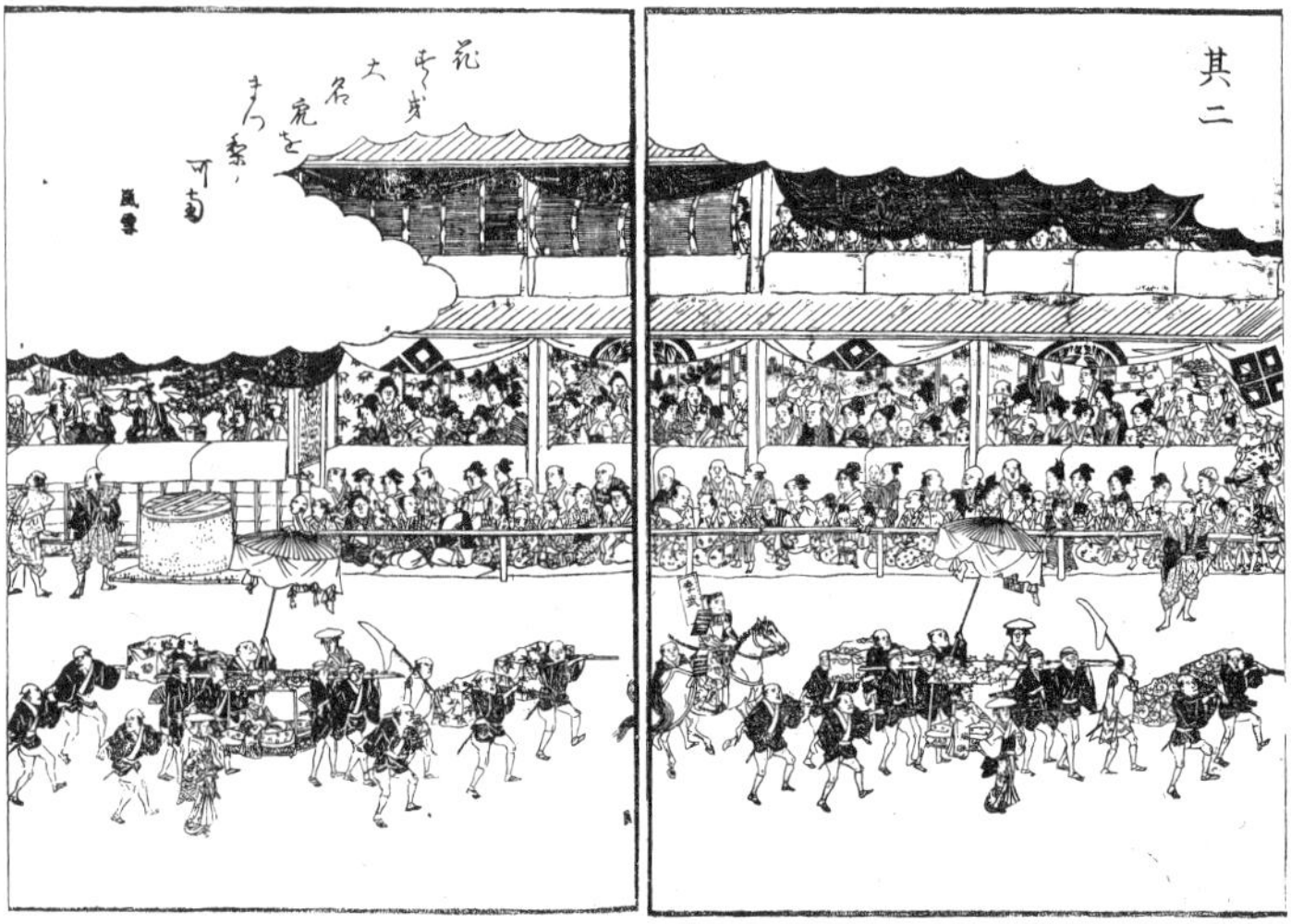

神田祭（其二）

山王祭には、その年その年の面白い新工夫がなされました。

それでは次に神田祭のほうをごらんいただきましょう。最初の「神田明神祭礼」という図に描かれた幟《のぼり》には、「大江山凱陣、東江源鱗書」と書いてあります、この源鱗という人は、安永、天明頃から文化、文政にかけて活躍した江戸第一級の書の名人でした。最初の図は、大江山鬼退治の大きな鬼の首を、山車として担いで行っている様子です。一階だけではなくて、二階からも多くの人が渡御を拝観している様子が描かれております。

次の「其二」をごらんいただきますと、若い女性が駕籠に乗ったり、「季武《すえたけ》」という旗指物をさした武者が馬にまたがったりしています。季武というのは、鬼退治をした源頼光の四天王

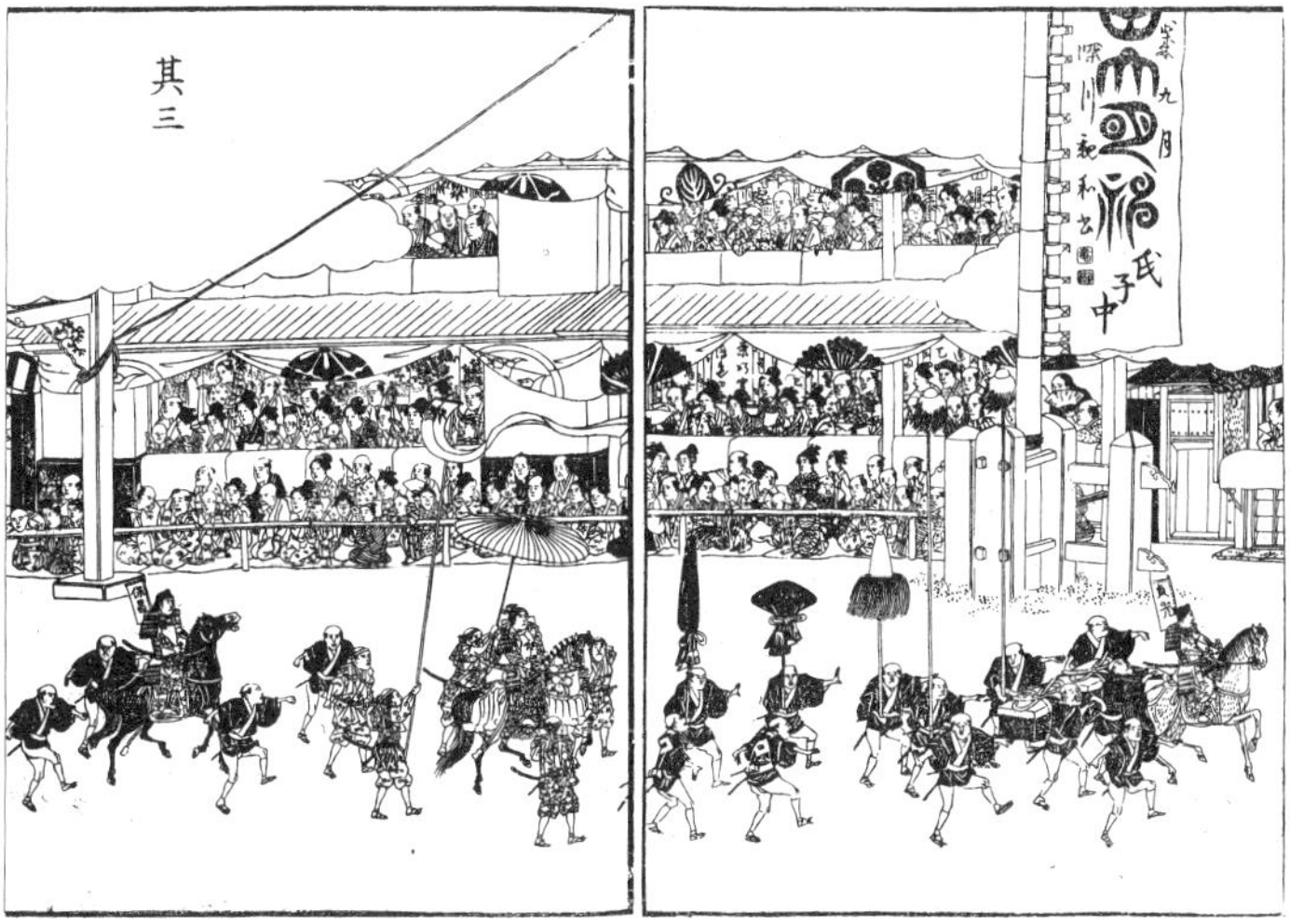

神田祭（其三）

の一人です。次の「其三」に描かれている仮装の貞光とか保昌というのも頼光の四天王で、大きな傘をさしかけられておりますのが、頼光でしょう。この頼光・四天王は江戸では非常に人気がありまして、歌舞伎でも、前太平記の世界というジャンルで彼等が活躍する芝居がしばしば行なわれました。

大きな幟が立っておりますが、この幟には、「深川親和書」と書いてありますが、この親和というのは三井親和のことです。彼は当時の有名な文化人で、大金持でした。浮世絵の会とか、絵暦の会などでも活躍した人です。

「其四」にまいります。これは巨大な山車を引っ張っているところです。ちょうどこれは木戸のところまできたところです。ここで九十度回転するのですが、こんなに大きな山車を木製

神田祭（其四）

の車輪で九十度回転させるのはたいへんむずかしいのです。車が壊れないように、また転覆しないようにうまく回転させるのにいまリーダーが扇子をかざして指揮しているところです。

これは斎藤月岑の日記の中に描かれている絵です。天保十二年の九月、神田祭の雉子町付《つけ》祭《まつり》の祭礼人形で、これが山車の上に乗って渡御して行くのです。その図には、「此所より顔を出す」と前垂れのところに書いてあります。つまり、町々を渡御して行くときに、いろいろな人が入れかわり立ちかわり顔を出して、変わったことを述べ立てたり、面白い顔を見せたりというようなことをして、その年の呼びものにしたといわれています。この人形の寸法も書いてあります。

もう一つは、白雉子の山車の図です。神田雉

雉子町付祭の祭礼人形
（月岑の日記より）

子町の雉子の山車というのは有名で、これは毎年変わらないのですが、この年には、白い雉子を両国で特別注文してつくらせるのに、何両で注文したけれども、それではできないというので割増金を払ったとか、いろいろなことが書いてあります。

神田祭は、九月十五日に行なわれまして、秋祭です。月岑は神田雉子町の町名主でしたから祭のことを日記に非常に詳しく書いてあります。二月頃から寄り合いまして、くじ引きをして、どこの町が新しい付祭をするかとか、踊りは何にするかとか、その踊りの振り付けは誰にやらせるかといったようなことを決めまして、九月十五日までの半年ぐらい、祭の準備にしょっちゅうか

白雉子の山車（月岑の日記より）

かりっきりみたいになっていたことが、たいへん詳細に日記に書いてあります。

そしてこの神田祭は、やはり一番目が大伝馬町の鶏、二番目は南伝馬町の猿でした。神田祭の三番目は、神田旅籠町《はたごちょう》一丁目の翁人形でした。

神田祭で毎回同じ山車が出ることが決っていたのは、上の三つの他に、四番目、神田旅籠町二丁目のめかり竜神、六番目、通新石町の花籠、八番目、須田町二丁目の関羽、九番目、連雀町の熊坂。熊坂というのは熊坂長範という大泥棒でありまして、これがたいへん人気があったのです。それから十番目、三河町一丁目の僧正坊と牛若丸。僧正坊というのは天狗です。続いて橋本町一丁目の二見ヶ浦、佐久間町三丁目の須佐之男命、それから多町一丁目の稲穂に蝶。それから西神田の大黒さま。新銀《しんしろがね》町《ちょう》が鶴ヶ岡の放生会。鍛冶町一丁目、二丁目が三条小鍛冶と狐。それから三十番目が雉子町の雉子の山車です。まだ後に続きますが、省略します。

神田祭の行列が通った道筋は、時代によって、多少違っていました。月岑の日記によりますと、町年寄と二人で朝から一日中歩いて、その年の進行・道順というのを決めたことが書いてあります。つまり、ある年はこの町、ある年はあの町と、不公平にならないようにあちこちを進行したようです。その一例として天保十二年の場合をみますと、朝早くに桜の馬場を繰り出して、御茶の水の河岸から昌平坂を登り、右へ、本郷の竹町へ出て、そこから本郷通りを、神田明神の前を通って、湯島の坂を下り、旅籠町へ出て、それから中町と加賀原の間を筋違《すじかい》御門に入って、須田町、鍋町から西へ曲がり、

大伝馬町の山車（『東都歳事記』より）

西横町、それから横大工町、三河町三丁目を左へ曲がり、同一丁目の河岸、神田橋お堀端通り、そして本多家お屋敷に沿って御神火原《ごじんかばら》の北側を通り、それから飯田町、爼橋《まないた》を渡り、中坂を登り、田安御門から江戸城の廓の中に入りました。江戸城内を通って竹橋御門を通り一橋に出て、そして「御《お》館《たち》」前へ出ます。月岑の日記には、「神輿は御館の内へ入りて奉幣あり」と書かれていますが、この御館というのは将門塚のようです。続いて、「当社の旧地なり」と書いてありますから、神田明神の旧地であった将門塚のところに館が建っておりまして、そこで奉幣をしたようです。そしてまた町の中を、石町《こくちょう》、大伝馬町、堀留と、ぐるぐる回りまして、そして神田明神へ帰ってきました。ともかく、この天下祭は、こんなに大がかりでたいへんな騒ぎだったのです。

江戸の祭では、この天下祭の他に三社祭と富岡八幡の祭と天王祭がありました。次はそれについてお話しましょう。

四　三社祭

私はいま日本中のお祭の中で、三社祭がいちばん江戸時代の伝統をよく伝えているのではないかと思います。私は、特別の用事のない限り、いまでも朝五時に起きまして、三社さまへ参ります。そうすると、仲見世はまだ開いていませんが、三社祭の見物人がもうつめかけていまして、本堂の段々のところは人がびっしりと坐っています。その人垣のほうに向かって、観音さまを拝みます。それから三社さまを拝みます。檜前《ひのくま》の三兄弟が観音さまをすくいあげたという伝説があって、三社さまには、その三人をお祀りしてあるわけです。午前八時になりますと、御幣《おんぺい》が一宮、二宮、三宮に渡されまして、それから神輿を担ぎ出すのです。しかし、体中、刺青《いれずみ》した若衆たちが褌《ふんどし》一つで神輿の上に上ってしまうのでスムースには行かない。ああいう風景はどこにも見られません、三社祭だけです。現代はそういうことになってしまっているのですけれども、昔は浅草寺の祭主が神輿の先頭に立って川に出まして、そこで船に乗りました。つまり、檜前の三兄弟が観音さまをすくいあげたところは川の中ですから、川の上がお旅所になるわけです。だから、みんな船に乗って、神輿の渡御をしたのです。その神輿は駒形橋まで行ってから、引き返してきて、上陸して、それぞれ町の中を渡御しました。三社祭の神輿は重さが四百貫だという人や、三百貫だ、いや二百貫だ、と諸説があるのですが、とにかくたいへん立派で大きく重い神輿です。

その神輿を担いで出て行くのですが、三社祭は、いまでもみんな地元の人が担ぎます。

五　天王祭

天王祭というのは、牛頭《ごず》天王のお祭でして、京都の祇園祭の祭神と同様です。姫路の北に広峯とい

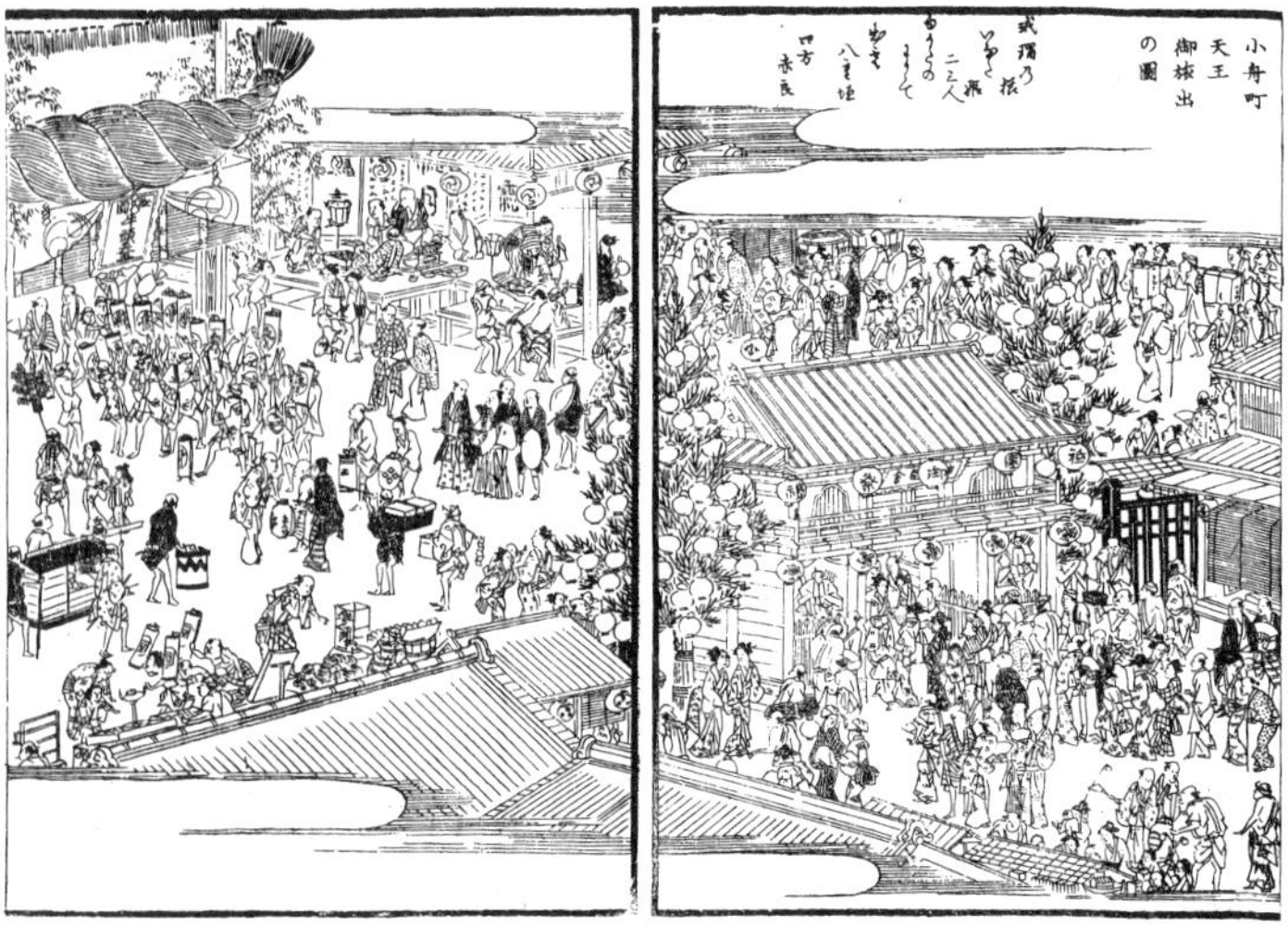

小舟町の天王祭（『東都歳事記』より）

う高い山がありまして、そこに牛頭天王をお祀りしてありますが、そこが本地だということです。神田明神にはいまも本殿に向かって左のほうに南伝馬町の天王さま、それから小舟《こぶな》町の天王さま、それから大伝馬町の天王さまと、天王神社の小さな祠が三つお祀りしてあります。

この絵は小舟町の天王祭の様子を描いた、大英博物館の所蔵する浮世絵です。江戸の魚河岸の代表的な町であった小舟町の神輿の渡御の様子が如実に描かれています。こんなにたくさん酒樽が積み上げてあったり、いろいろと飾りつけがしてあったりしております。いまみたいに電気の照明なんかありませんから、こういう御神燈に灯をともすと夜も明るくなるということで、天王祭はたいへんな賑わいでしたが、その様子がよくわかります。

それから、江戸時代には富岡八幡にたくさんの人びとがお祭を見るために詰めかけました。深川の橋を渡って行くのですが、あまりにたくさん人が詰めかけたものですから、正徳と文化年間に二度、橋が落ちまして、たくさんの溺死者を出しました。これは両方とも記録が残っておりますけれども、江戸の祭礼というのは、それほど多くの人びとが出かけて賑わったものです。

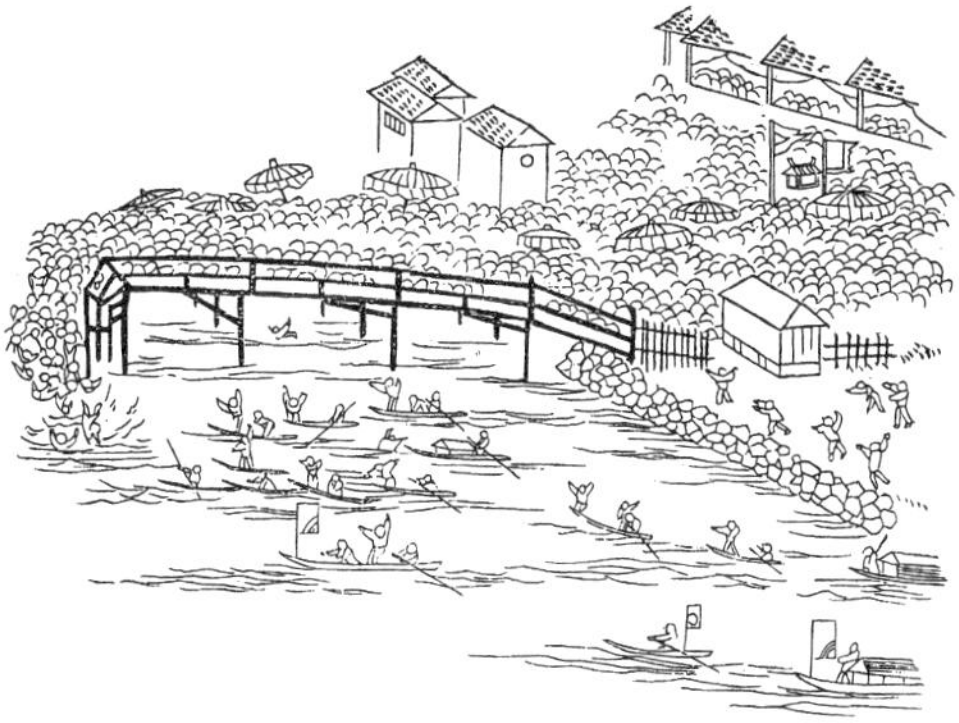

文化四年永代橋墜落図（部分）

天下祭では、表向きは、いろいろな記録にありますような形で祭の渡御が行なわれて、江戸城の中で将軍たちに、いわば大きなデモンストレーションをやったと見ていいと思うのでありますけれども、そうしたあと、いわゆる直会《なおらい》の会という、どんちゃん騒ぎの無礼講というのを演じたわけです。無礼講というのは、いまでもどういう祭にでも行なわれることになっておりますが、現代はそれが上品に、静かになってしまいました。かつては、江戸の下町の町人共同体というのが確固とありまして、それぞれ町の運営を共同意識で行なっていました。だから、どの町でもお祭は自分のことだけでない、公のことという意識で行なっていたのだろうと思います。それが同時に自らを解放することのできる、非常にありがたい時間と空間でもあったわけです。そういうわけで、たいへんな経済的負担をも顧みず、江戸の祭は非常に盛んに行なわれたのだと思います。

私はかつて、江戸のこういう山車とか、作り物とかの伝統がいつ、どのようにしてなくなってしまったのか、神田祭の跡などを訪ねてずいぶん歩きましたけれども、そういう作り物などの伝統を継いでいる人はほんとうにいないのです。家系の方はかなり残っています。たとえば宝井其角とか、狩谷《かりや》棭斎《えきさい》とか、滝沢馬琴の家系などは、立派に続いています。ところが、お祭だとか、お盆の行事だとか、そういう町の共同体の行事というものはほとんど消滅してしまいました。そういう意味で、江戸の人間共同体の営みというのは、もう文献に残っております幾つかでもって探り当てる以外に、ほとんど手掛りがなくなりました。そういうなかでは三社祭とか、富岡八幡のお祭とか、鳥越神社のお祭などは、まだいまでも江戸の雰囲気をかなり濃厚に伝えているもので、まことに貴重なものだと思います。

私は、以前に『家元ものがたり』を書いておりますときに、一中節《いっちゅうぶし》の取材に、方々を歩いておりましたら、ある人から、一中節の何代目かの序遊という人が浅草に住んでいたことがあって、その人は稽古先から帰ってくると、すぐに着物を着替えて鉢巻きを締めて、三社祭の神輿を担ぎに出て行った、神輿を担がなければ自分の気がすまないといって、さっさと出て行った、そういう気風のいい人でしたよという話を聞いたことがあります。そういうように、江戸の文化人、芸人といった人たちまでが、祭礼というものを非常に大事に考え、自分の生活の中の行動文化として実践をしていたということがあったようです。

第五講　江戸名所

一　名所の開発と名所案内

今日は、江戸の名所についてお話いたします。江戸の初期に『江戸名所記』という、江戸の名所を回って見て歩く、そういう書物が出ております。それ以外にも『東海道名所記』とか、いろいろな名所案内記が、ほぼ十七世紀の中頃以後にたくさん出ます。

それからちょうど同じ頃にまたもう一つのジャンルとして、『京雀』『浪花雀』『江戸雀』とか、『京鹿子《かのこ》』『江戸鹿子』といった書物が出版されるようになります。この「雀」とか「鹿子」のほうは名所案内だけでなく、それぞれの都市の商人とか、武家とか、職人とかの評判を載せています。たとえば『江戸惣鹿子』というのは、元禄の少し前に出ているのですけれども、そのなかには、耳の垢取りとか、動物の芸仕込み人――猿回しの猿だとか、いろいろ動物に芸を仕込むような人が出ていまして、たいへん面白いと思いますが、そういう職人や商人、そしていろいろな特技を持っているような人に関する案内書が出版されるということが、だいたい元禄頃までに行なわれます。

これは、その頃までに、参勤交代などで武士たちが旅行をすることが非常に多くなりますので、そういう案内書が必要になったわけです。

それから時代が少し下りますと、一般の庶民たちも盛んに旅に出かけるようになり、また江戸の中頃から箱根の七湯が開発されたり、熱海が湯治場になったりします。そして、そこが新しい名所になりました。

もう少し時代が下りますけれども、われわれの子供の頃、「青の洞門」として教科書に載っていた、あの九州の耶馬渓《やばけい》というところは、山国川が迫っておりまして、非常な急流に面した嶮岨な山道でしたので、多くの人が亡くなったり災難にあったりして、生活のためには、はなはだマイナスの条件が多いところでした。ところが、頼山陽が新文化を求めて長崎に行った帰りに、豊後いまの大分県の竹田というところへ立ち寄りました。そこには田能村《たのむら》竹田がおりまして、よく来たというので歓迎しました。それから山陽が船で帰るというのを、日田というところには広瀬淡窓というすばらしい人物がいるから、その男のところにぜひ寄って行きなさい、といって竹田は山陽を案内して日田にまいります。そこで彼等は広瀬淡窓に会って、何日か逗留しました。この日田から帰るときに、中津へ出たのですが、途中、山国川の険所を通らなければならない。そこを通って見ましたら、非常な絶景でしたので、中津まで行った山陽は、もう一度引き返して山国川のあたりを歩き回ります。そして、中国の山水画に描かれている風景は絵空事と考えていたけれども、この景色に接して、日本にも同じような景色があることを知り、山陽自身がそのスケッチを描き、そして山国川という名称を「耶馬渓」という名所風の名前に改めましたのが、いまの耶馬渓の始まりなのです。

つまりそれまでは、ほんとうに難所であって、生活を脅かすとばかり考えられてきた所が、この時代になって、頼山陽により観光資源として開発されたというわけです。

実は、もう少し前の宝暦、明和、安永、天明頃、つまり十八世紀中葉から日本には各地にそういった新しい観光資源、温泉資源といったものが開発されるようになったのです。それは、一にごく一般の庶民たちがそういう所に行楽に出かけて風景を鑑賞し、それを俳句にしたり絵にしたり、歌に詠んだりするようになったからです。こういういわば行動文化が、非常な勢いで庶民の間に行なわれるようになったのです。こういうことによって、初期の「名所記」、あるいは「雀」「鹿子」といった名所物とは違ったスケールの、そして違った視点に立った名所案内記ができてくるのです。

その最も充実したものの最初が、安永九年（一七八〇）に出ました『都名所図会』で、京都の秋里《あきざと》籬島《りとう》という人がつくりました。大きな本でしたので、とてもこういうものは売れまいと思っていたら、大名たちが非常に喜んで、それを何十部も買って江戸に持ってきたというようなことから、一躍有名になって非常に版を重ねました。そういうことがきっかけになって、今度は「名所図会」という本が全国的にでまわるのです。『木曾路名所図会』『東海道名所図会』『有馬名所図会』『大和名所図会』

『山城名所図会』といった何十種類もの「名所図会」が次々にできます。『西国三十三所名所図会』とか、『紀州名所図会』とかいったものもございます。この『西国三十三所名所図会』は、伊勢から書き始められていまして、皇大神宮のあたりから熊野のあたりの図は実に精細を極めたものです。新宮のところを見ますと、大きな鮪《まぐろ》を二つに背中のところで切ったのを道行くお遍路さんが見ているといった図が描かれています。そのお遍路さんは、背中に「西国三十三所巡礼」と書いた笈《おい》、つまりリュックサックを背負っておりまして、その笠には「同行二人」と書いてあります。つまり何人一緒にいましても、本当は観音さまと二人で旅をしているのだ、ということです。巡礼に行きますときはみんなそういうふうにして行くわけです。

そういうことで新しい「名所図会」が、次から次にできました。そういう刺激を受けまして、江戸でも早くから京都の「名所図会」に対抗して、立派な「名所図会」をつくろう、という計画が起こるのですが、なかなかできなくて、お祖父さんの代から三代かかって、斎藤月岑が天保五年（一八三四）に十巻、天保七年に十巻、つごう二十巻、たいへん大部の、立派な『江戸名所図会』をつくりました。

この『江戸名所図会』は、日本橋とか、神田とかいうふうに江戸を区分するのではなくて、江戸を北斗七星の七つの星にたとえまして、江戸からずっと品川、鎌倉のほうに伸びて行ったり、あるいは八王子のほうに伸びて行ったり、あるいは新宿から青梅のほうに伸びて行ったり、あるいは板橋から中山道の方へ伸びていったり、あるいは市川、国府台のほうに伸びて行ったり、というように書いてありまして、そういう意味ではいまの私たちには見にくい本ですが、長谷川雪旦という絵描きを連れて歩いて、ここをこういうふうに描いてくれ、といちいち指定して描かせましたので、実に正確に描いてあるのです。

かつて私は佐倉の歴史民俗博物館の近世、江戸時代の部の展示委員の一人でして、江戸の町の細かな復元をしようということで、日本橋およびその近辺の細かな復元をしました。そのときに、『江戸名所図会』には日本橋とか江戸橋の様子が、非常に正確に描いてありますので、そこに描かれているものをいろいろ取り揃えて、日本橋から四日市、広小路、江戸橋のあたりを復元いたしました。日本橋のところの魚河岸の様子とか、積んでありまます剣菱はじめいろいろな酒樽のマークまで復元いたしました。

そういう細かな名所案内図ができるというのも、新しい名所が非常にたくさん開発されて、そこを多くの人が探訪するとか、あるいはまた江戸へやってきて、そこをたどって国の土産話にする、というようなことが盛んに行なわれたからです。

そのように江戸の後期になりますと、日本全国にわたって名所が盛んに開発されました。たとえば、菅江真澄《ますみ》が男鹿半島のことなどを詳しく書いた『菅江真澄遊覧記』。彼は北海道に渡って、小樽の向こうまでも調査をしているのです。あるいはまた越後の塩沢の鈴木牧之《ぼくし》という人が書いた『北越雪譜』。これは、雪に関する越後の国のいろいろな名所の案内書といったものでもあるわけです。そういうものが、実にたくさん出版されました。最近いろいろ地方の珍しいものがたくさん発掘されていますが、まだまだ書かれたものがたくさん埋もれていると思われます。

さて、江戸では、名園とか、人工富士とか、梅屋敷、萩寺、桃園といったような新しい名所ができまして、多くの人が桃見に行ったり、萩寺に行ったり、梅見に行ったり、というようなことをいたしました。この人工富士というのは、江戸の町に身禄《みろく》という有名な富士信仰の創始者が現われ、元禄頃から布教を始めまして、享保頃に自分の予言が当たらなかったと言って、富士山に登って入定《にゆうじよう》しました。つまり何も食べないで水だけ飲んで、大往生を遂げたのです。そして、その信者たちが江戸の町と近郊にたくさん人工の富士山をつくったのです。非常に大きな富士山が護国寺に、いまの雑司ヶ谷墓地のあたりにあったのですが、それは取り壊されてしまい、今は門を入って次の石段を上った門の少し右のほうにあります。この富士山にも――何合目、何合目という石が積んでありまして――、江戸時代の人工富士山の遺構に違いないというところが残っております。

それから駒込には立派な富士山が残っております。江戸時代のままの富士山です。それから下谷の小野照神社にも富士山が残っています。浜離宮と呼ばれていた浜公園には『江戸名所図会』を見ますと、いちばん南西の隅に立派な富士山が描かれていますので、そこに行ってみましたら、ちょうどそのあたりに立派な富士山がちゃんとありました。

このように人工の富士山があちこちにつくられたのは、江戸の富士信仰が非常に盛んだったからです。なぜ、そんなに栄えたのかと申しますと、だいたい山岳信仰というものは女人禁制でありまして、いまでも大峰山などは女性は拒否されて入っていくことができません。ところが富士信仰では女性もよろしいということで、富士山には女性が白装束で登ったのです。そして江戸の富士山にも、五月の末日から六月の一日にかけての山開きのときは夜通し参詣客がつめかけました。ちょうどその頃は月が出てないし、灯を点してはいけないということになっていましたので、真っ暗闇なのです。その暗闇の中を女の人もお参りしてもいいわけですから、やたらにたくさんの人がお参りしたのです。

二　金沢八景

次に江戸の八景について述べますが、まず八景のルーツの話をしたいと思います。八景は北宋時代の中国の文人、宋廸《そうてき》による「瀟湘《しょうしょう》八景」というものが始まりです。洞庭湖という湖がありまして、そこに瀟水と湘水という二つの川が流れ込んでいて、この二つの川と湖とが織りなす自然の妙が非常に美しいところから、宋廸が八つの代表的な景色を選んで八景としたのが、はじまりといわれています。

それによりますと、「瀟湘八景」というのは山市晴嵐、洞庭秋月、漁村夕照、煙寺晩鐘、瀟湘夜雨、平沙落雁、遠浦帰帆、江天暮雪、この八つの風景でありまして、牧谿とか、玉澗といった中国の有名な画家の描いた「瀟湘八景」が日本に残っております。中国にはそういう絵は全然残っていませんで、日本にだけ残っています。そういう意味では日本という国は不思議な国でして、中国は埋蔵文化ではすごいものが出てまいりますけれども、歴史的な文化財というものはほとんど海外に流出してしまって残っておりません。

この中国の「瀟湘八景」に倣って日本では「近江八景」ができました。それは、粟津の晴嵐、石山の秋月、瀬田の夕照、三井の晩鐘、唐崎の夜雨、堅田《かただ》の落雁、矢橋の帰帆、比良《ひら》の暮雪の八景です。いつ頃日本でこの「近江八景」ができたか、明確に論証した人はいないようです。

しかし江戸時代には、この八景が各地で盛んに作られるようになります。元禄三年（一六九〇）に『増補江戸総鹿子《そうかのこ》名所大全』というのが出版されましたが、それには、隅田夜雨、忍岡秋月、増上晩鐘、鉄淵《かねがふち》帰帆、浅草晴嵐、愛宕《あたご》夕照、富士暮雪、目黒落雁、が江戸の八景として載っていますが、これが早い頃のものです。

それから、鹿野山《かのうざん》晴嵐、曲江秋月、遠岸夕照、塩浜落雁、浦船帰帆、富士嵩《みたけ》暮雪、猫小寝《さね》夜雨、山中晩鐘、という「葛飾八景」ができております。

さらには、「金沢八景」という名所ができます。これは洲崎晴嵐、瀬戸秋月、小泉夜雨、乙艫帰帆、称名晩鐘、平潟落雁、野島夕照、内川暮雪の八景です。

みなさんのお手元に「金沢八景之図」をお配りしていますが、これは文化十一年（一八一四）に京

洲崎晴嵐　直重
海色風晴天壌浮
洲崎巒上白雲流
漁舟如葉隨波去
欸乃一聲不勝愁
親風
乙艫歸帆
宜住
羣山空處設漁邨
地列浦郷因海垠
日暮波閑風亦順
唯看任意數帆奔
長勝

市村宜住書画金沢八景図（部分）

都の馬桐という人が描いたものです。これによりますと、右のほうから、野島夕照、平潟落雁、乙艫帰帆、洲崎晴嵐、称名晩鐘、瀬戸秋月、それから左のほうに行きまして小泉夜雨、そして真ん中の下のほうに内川暮雪、というふうに描かれております。実はこの八景は享保の頃から有名でした。浮世絵師たちもこれをたくさん描いています。

お配りしてある、もう一つの八景は、奥書に「享保七年壬寅夏五月端午日　右市村主兵後藤宜住七十有四歳書且画」と書いてありますが、この市村宜住は、古市宜住ともいいまして、姫路藩の藩士でした。いちばん上に「直重」と書いた洲崎晴嵐がありますでしょう。その次の乙艫帰帆のところに「宜住」と書いてありますが、この人が後に、姫路藩主一行が詩歌を詠んで、画工に風景を描かせた原画を模写したのが残っているのです。

これは浅野倭子《しずこ》さんという人が、私に見せてくださったものです。古市宣住の子孫で公威《きみたけ》という人がいまして、明治維新のときに、日本政府は各藩の秀才を一人、進講生として東京によこせという命令を出したのですが、姫路藩からは彼が進講生として東京に派遣されます。この古市公威が倭子さんのお祖父さんにあたるのです。その先祖に勝久という人がおりまして、その勝久が息子を藩主にお目見えさせるために、姫路から自家用の駕籠二丁に、奥さんや子供を乗せて、自分は歩いて江戸まで来たときの日記が「東路の忍び」という題でまとめられていますが、それを浅野さんが、読んでほしいと私のところへ持ってこられました。私はそれを全部原稿用紙に書いて差し上げたのですが、その時、家に面白いものが残っておりますと言って、この「金沢八景」を持ってこられたのです。

その古市公威という人が、非常な秀才でありましたから、進講生の中では最優秀の成績で卒業しまして、明治国家の学問の中心としてつくられた大学南校という東大の前身の初代の校長になりました。三島由紀夫のお父さんは兵庫県の出身で、彼が生まれたとき、お父さんが古市家へ来られて、古市先生にあやかりたいと思いますので、息子の名を公威とするのを許していただきたいと頼まれたそうです。公威という名前が三島由紀夫の本名なのはこういう事情です。その古市公威の先祖がこの絵を藩主の酒井家から借り出して写したものが、さきほどの図なのです。

ところで、金沢八景の絵のうちで一番有名なものは、広重の金沢八景です。これはたいへん見事な八景でございます。

三　江戸八景

金沢八景のみならず、広重には有名な「江戸近郊八景」というのがありまして、しかもこの八景にはみんな歌が書かれています。この歌はだいたい狂歌が多いのです。文化人たちが狂歌を詠みまして、それを巧みに表わすような絵を広重が描く。そうしてできたのがこの八景です。「江戸近郊八景」は揃いが幾つもございまして、いちばんよく揃っているのが、太田記念美術館所蔵のものです。

羽田空港のあたりは、江戸時代には非常に水がきれいで、浅草海苔をつくったりした漁場だったわけで、お稲荷さんはありましたが、民家など殆どありませんでした。ですから、そこに雁などがたくさん下りたのです。それで広重も「羽根田落雁」という有名な絵を描いているのです。

それから変わったところでは、「玉川八景」というのがありました。これは、喜多見晴嵐、向が丘秋月、都築丘夜雨、二子《ふたご》帰帆、宿河原《しゆくがわら》晩鐘、世田落雁、登戸《のぼりと》夕照、溝口《みぞのくち》暮雪というものです。昔は、多摩川でも鵜飼をしていたのです。『翁草』という本を読みますと、金剛流の能の師匠が、「鵜飼」という能を舞うときは、多摩川へ行って鵜飼の有様を見て、その心をとらえて、能の舞いの稽古をするようにという意味のことを書いています。多摩川で鵜飼が行なわれていた頃は河川交通も盛んだったのです。これは利根川だってそうでありまして、皆さんご存じないかもしれませんので申し上げますと、鬼怒《きぬ》川と渡良瀬《わたらせ》川という川は、いまは利根川の支流になっていますけれども、元和《げんな》年間頃まではこれは独立した川だったのです。そして利根川は東京湾へ注いでいたのです。それを大改修工事をいたしまして、元和から承応年間までかかりまして、銚子のほうに流路を変更することに成功したのです。以来、鬼怒川と渡良瀬川は利根川の支流になるのです。『利根川図志』という幕末の書物にはいろいろな名所についても書いてありますが、その解説を柳田国男が書いています。利根川の下流の布川という所に彼のお兄さんが住んでいて、医者をしていました。柳田国男は、播州から十四歳か十五歳ぐらいのときにそこに来て、そこで中学に通うのですが、その頃の利根川は上流からずっと銚子に至るまで実に活気があって、そこには白帆を張った高瀬舟がたくさん行き来をしていたそうです。そういう舟が行き来をしていて、利根川が舟運のきわめて重要なルートであったのが、川に沿って鉄道が走るようになってから見る影もなくなってしまったということを『利根川図志』の解説のいちばん最初のところに書いています。この本はたいへん面白い本ですので、お暇がありましたらぜひお読み下さい。たしか、岩波文庫に入っていたと思います（現在品切）。

富士川なども、あんな急流ですが、山梨県と静岡県とのあいだを高瀬舟が行き来したのです。それが物資輸送の非常に重要な役割を果たしていたのです。上流へ行くときには、たいへんな急流ですから、大きな帆を張って上っていったのです。

ですから、多摩川八景の二子帰帆などというのは、想像ではなくて、多摩川の二子のあたりはそういう高瀬舟がしょっちゅう行き来をしていたのです。

江戸時代には、そういう川の舟運というのが大きな役割を果たしました。これは実現しませんでしたけれども、佐倉の歴史民俗博物館に何を展示するか、検討していたときに、昔は東海道などの陸上の交通よりも、山梨と静岡、つまり太平洋とを結ぶ富士川の河川交通が非常に重要であった、そういう交運に川の果たした役割を目に見える形で展示しようと、ずいぶん議論したのですが、これはあまりにも大掛かりで遂に断念せざるを得ませんでした。さて、少し脱線してしまいましたが、江戸には他にも、たとえば「隅田川八景」とか、「浅草八景」というのがありますが、これから皆さんにごらんに入れますのは、八景と申しましても、いささか風流なものです。

これは鈴木春信の「風流江戸八景」のうちの「浅草晴嵐」です。浅草の楊枝《ようじ》店に美女がおりまして、そこへしなやかな二本差しの若衆が、美女に魅かれて来ているといった、なかなか洒落た光景です。この女性は柳屋の銀杏娘という美女で、この銀杏娘と笠森稲荷の鍵屋お仙とを比べてみたら、こちらのほうがすばらしいというような歌があったりするのでありますが、大田蜀山人が見に行ったら、鍵屋お仙のほうがどうもきれいだということを『一話一言』に詳しく書いております。この銀杏娘は、その当時の江戸三美人の一人でした。そこへ鼻の下を長くして、美男子が訪ねてきている、といった図で、こういうのは、「あぶな絵」と言われるのですけれども、この娘がタバコ入れから煙管《きせる》を出して火をつけ、タバコを一服吸おうとしているようなところはなかなか面白いですね。春信は実に巧み

春信「風流江戸八景　浅草晴嵐」

春信「風流浮世八景　品川帰帆」

に新鮮に黒を使うというので有名ですが、なかなかいい絵だと思います。

これは同じ春信の「風流浮世八景」のうちの「品川帰帆」。品川もずいぶん出てまいります。舟の様子と、それを眺める美女たち。品川には非常にたくさんの遊廓がありましたから、その遊女たちの風景です。

これは「浅草晩鐘」です。やはり同じ春信の描いたもので、さきほどの銀杏娘が描いてあります。

これは「風流人倫《じんりん》見立八景」のうちの「かこいの夜の雨」（次頁図参照）。囲い者というのは、いまはわかりにくいと思いますが、金持の町人が、遊女などを受け出して、囲っておりました。根岸のあたりにそういう囲い者の家が多かったと言われておりますが、この絵は湖龍斎の描いたものです。日本橋あたりの大店の旦那が、根岸のあたりに瀟洒な家をつくって、そこに自分の愛人を囲っていた。夜の雨などというのも、ちょっと何事かを連想させるようで、なかなか粋な絵です。

これは「風流座しき八景」のうちの「時計晩鐘」で、同じく湖龍斎の絵です。湖龍斎というのもなかなか独創的な絵を描いた画家です。この座敷八景というのは、『江戸文化誌』で述べましたように春信が大久保甚四郎巨川という旗本に指導を受けて、初めて多色刷を制作したのですが、その影響を受けて、湖龍斎がこの八景を描いているのです。

これは「深川八景」のうちの「二軒茶屋の暮雪」。これはこの前、雪見のときに申しましたが、二軒茶屋というのは、雪見をする料亭として非常に有名でしたが、そこの雪の積った庭の景色です。こ

湖龍斎「風流人倫見立八景　かこいの夜の雨」

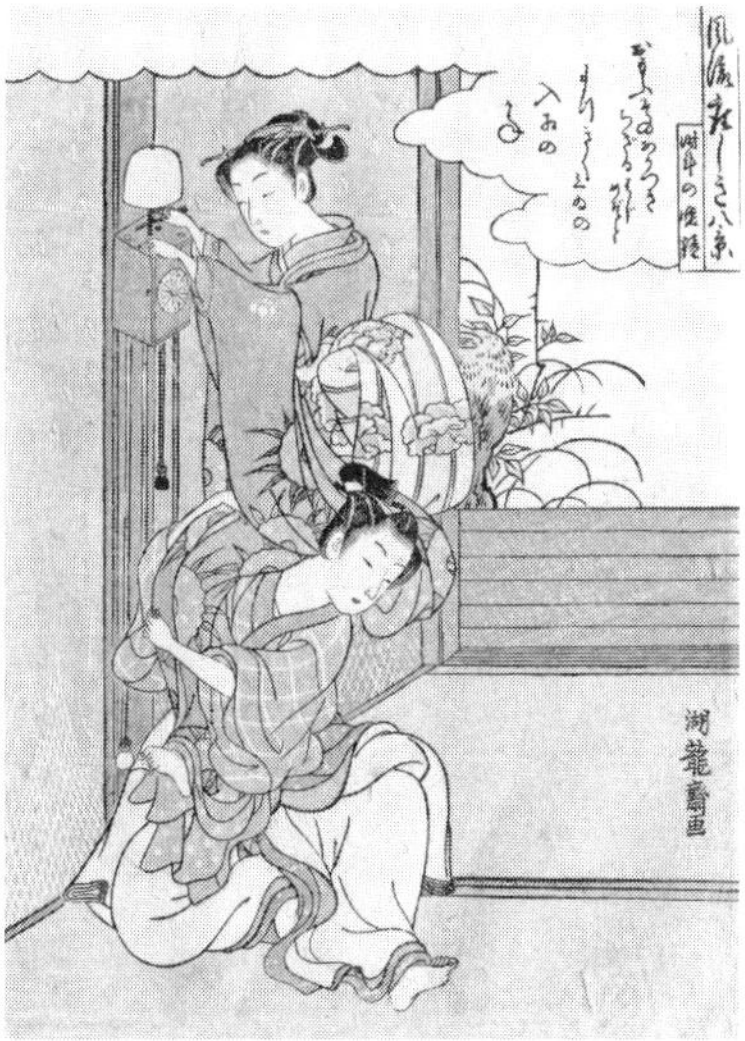

湖龍斎「風流座しき八景　時計晩鐘」

春章「深川八景　やぐら下の晩鐘」

れは勝川春章という、役者絵なども盛んに描いた人の作です。日本橋あたりの旦那が来て、二軒茶屋の仲居さんたちがその相手をしている風景です。

これは「深川八景」のうちの「やぐら下の晩鐘」（上図参照）。やぐら下というのは、岡場所、つまり私娼窟があったところです。深川の富岡八幡のまわりに、ずいぶんたくさん岡場所という私娼窟があって、そこに遊女たちが大勢いました。

この寺は本法寺です。有名な大きなお寺でしたが、成田不動が盛んになりまして、その門前の小さなお寺になってしまいました。もともとあのあたりは、八幡さまとこの本法寺とが大きなお参りどころでした。そしてその参詣客を相手にした岡場所がにぎわいました。そこにお参りするという名目で、日本橋あたりの丁稚《でっち》や小僧が遊びに行ったといわれています。

これは「風流江都《えど》八景」のうちの「品川帰帆」。清長の作です。清長の絵にしてはちょっとどぎつい感じがしないでもありません。こういう歌を伴っておりますのが、だいたいの八景の特色です。この種の八景は、こういう美女たちを描くのが主目的なのです。

これは同じ清長の「江都八景」ですが、美女を描かないみごとな風景画で、大英博物館に所蔵されています。日本にはありません。これは、そのうちの「衣紋坂夜雨《えもんざか》」。吉原の遊廓の屋根が見えています。ここのところに日本堤がありまして、その向こう側に山谷堀という堀が隅田川からずうっと箕輪《みのわ》まで続いていました。日本堤で舟を下りたり、あるいは馬や、徒歩で来たりした人たちが、衣紋坂を下りてきて、大門口を入っていくわけです。

これも「江都八景」のうちの「両国橋夕照《せきしょう》」。手前は屋形舟の舳先《へさき》です。橋の向こうに東両国が描かれていて、回向院の屋根が見えています。その左に見世物の幟が立っております。右の川岸に並んでいるのが出会い茶屋という、いまのラブ・ホテルです。遊廓とか、茶屋などは、そこの店に女性がいて、その女性を買って遊ぶわけですけれども、そうではなくて、好きな男女が密会するような所でした。その前のあたりの隅田川では水垢離《みずごり》をしている人がいます。次回にお話しますが、この連中は、これから大山詣に出発するところです。川の中ほどに幟を立てた舟が見えますが、鍵屋の花火舟です。この花火舟が屋形船などを回って、「旦那、花火いかがです」と呼びかけ、注文をとって花火舟から花火をあげるのです。五月二十八日から八月二十八日まで、お天気のいい晩は毎晩、この両国で花火が上がったのです。そして明治四十三年頃までこの川の水を汲んでお茶を立てたと言われております。たいへんきれいな水が流れていたのです。お茶会をしたり、あるいは邦楽のおさらい会をしたり、いろいろ風流な遊びを両国の隅田川でいたしました。そして隅田川の上流では、鍵屋から分かれた玉屋という花火屋が営業していました。それは天保頃まで続いたのですが、火災のために玉屋はなくなってしまいます。

この清長の、こういう丸の中に屋形舟の舳先だけをぐいっと描いたデザインは、面白くて、斬新だと思います。

これも清長ですが「江戸八景」のうちの「品川帰帆」です。品川には御殿山というところがあって、そこの桜はたいへん有名でした。この絵には御殿山の花見の風景と同時に、品川の帆かけ舟がたくさん見えておりまして、それを帰帆と見立てたわけです。

これは「台嶺晩鐘」。台嶺というのは上野の山のことです。この黄色のところが不忍池です。ちょうどここをずっと行ったあたりが湯島天神のある台地で、これが山下のところですね。このあたりから登って行くと、いまの精養軒のほうへ出まして、この道をまっすぐに登って行きますと、ここが清水堂になるわけです。清水堂の坂の石段をとんとんと下りてまっすぐ歩いて行きますと、いまも石橋がかかっておりまして、そこを渡りますと、そのあたりに扇塚とか、鳥塚とかいろいろな石の塚があります。そしてこれが弁天さまです。そしてちょうどこのあたりに時の鐘がありました。「鐘は上野か浅草か」の上野寛永寺の鐘ですね。その晩鐘の風景を描いたわけです。この絵は非常に面白いと思います。こういう八景を描きます場合、だいたい春夏秋冬といったような形で描いていくのです。これは秋ですね。ちょうどこのあたりには紅葉がありまして、こちらも紅葉しようとしている上野の山の風景が描かれております。

これも清長の「江戸八景」のうちの「浅草寺晴嵐」です。これは仁王門でありまして、仁王門の三つ吊り下がっている大提灯の中央の円提灯の下に、はるか向こうに雷門が描かれています。いまこの五重塔は、本堂に向かって左に建っていますが、江戸時代は右に建っていたのです。この仁王門は旧態そっくりに復元され、いまここには小舟町という大きな提灯がぶら下っております。かつて雷門には新橋という大きな提灯が、寛政七年に復旧されたときにかけられまして、歌麿とかいろいろな絵師たちがそれを描いた絵が残っているのですけれども、その雷門を仁王門の真ん中で見通しているのですから、ちょうど本堂正面の中央から見ている図ということになると思います。いまはここに仲見世が並んでいるのですが、この時代にはまだ仲見世がそんなにはありません。伝法院の入口とか、こちらに四つのお寺、反対側にも四つのお寺が描かれていまして、そのお寺の中に、不動さんとか、秋葉権現とか、伊勢の皇大神宮などがお祀りしてありました。明治になってからいまのような仲見世になってくるのですが、この当時はまだ大きな松の木がいっぱい生えていました。この前、享保五、六年の、「浅草の図」をお見せしたときにも、大きな松がたくさんあるのをごらんいただきました。

これは「愛宕秋月」です。江戸の地形を考えてみますと、上野の台、神田の台、江戸城の台、愛宕山の台、品川御殿山の台、というように五本の指をずうっと並べたように台地がありまして、この愛

清長「江戸八景　浅草寺晴嵐」

清長「江戸八景　愛宕秋月」

宕山も有名な台地の一つであります。そしてここの愛宕神社にたくさんの人がお参りにきまして、特に二十六夜待ちだとか、花見だとかいったときには、非常に賑わったのです。月見などにも非常にいい場所でしたので、「愛宕秋月」というような名所になっているわけです。この絵も構図といい、色の配合といい、たいへん見事なものだと思います。

これも「江都八景」のうちの「金龍山暮雪」です。金龍山というのは、浅草寺のことを普通いうのですが、これをよく見ると、どうも浅草寺ではありません。向こうに隅田川があって、ここに段々があって、ここに鳥居が見えています。この鳥居は石の鳥居で、三囲《みめぐり》稲荷に違いありません。いまは堤防がこのあたりまでありますから、この鳥居は隠れて見えませんが、江戸時代にはこの鳥居がよく見えました。俳句や歌に詠まれたり、このあたりに遊びに行く人たちが、この鳥居のところで待ち合わせたりしました。歌麿には有名な「三囲詣」というような絵がありますし、それから鶴屋南北の『桜姫東文章』という芝居では、桜姫というたいへん高貴なお姫様が最下級の遊女になって、この三囲の鳥居のところにいるという場面があったりするので有名で、江戸時代には隅田川と鳥居が描かれていれば、一見して、あ、これは三囲稲荷ということがわかりました。そしてここからずっと行きますと、このあたりが長命寺で、もう少し先へ行って墨堤の左側に、木母寺《もくぼ》がありました。ここは桜の名所でもあったのです。ですから、これはどうしても待乳山《まつちやま》ということになります。そこで待乳山が金龍山と呼ばれたかどうか、浅草寺の清水谷さんに聞きましたら、そういうことがありました、ということですので、これはたしかに待乳山なのだ、ということがよくわかりました。待乳山は聖天さまの所がかなり高くなっておりまして、見晴らしがよく利きます。ここは巾着と二股大根を供えるので有名で、水商売の人がたくさん参詣します。江戸時代にはここから向島を見はるかして、はるか向こうに市川の国府台のあたりがよく見えたのです。いまはもう当時のおもかげはありませんが、これが当時の金龍山待乳山の夕暮の雪景色です。なかなか珍しい、いい絵だと思います。

これは「角田川落雁」。先ほどの石の鳥居はこのあたりにありまして、その先を行きますと、ここに長命寺の桜餅の明かりが見えています。桜餅の店は、いまは角のところへ移ってしまいました。ちょうど木母寺のあるあたりの川を舟の簾を上げて、景色を眺めながら遊んでいる光景が描かれています。これは屋形舟という豪勢な舟でなくて、屋根舟という、中下級の遊び舟だと思います。

このあたりは、昔は雁がたくさん下りてきました。雁という鳥は非常に集団の仲間意識が強いそうで、鷹狩をして雁をとるときには、雁の落ちた現場へすぐ行かなければ鷹が危ないのだそうです。いまは鷹狩のやり方を知っている人はほとんどありませんが、坊城俊良さんという方は、飯田橋のところにある大神宮の宮司さんで宮内庁の狩猟長をしておられましたが、私は『家元ものがたり』で鷹狩のことを書いた時に、坊城さんから詳しく鷹狩の話をうかがったことがあります。鷹の雛をとってきて、だんだん成長させて、自由に使える鷹の仕立てる話は、なかなか面白いです。私の『家元ものがたり』に詳しく書きましたので、興味のある方はお読みいただきたいと思いますが、そのときに聞い

清長「江都八景　金龍山暮雪」

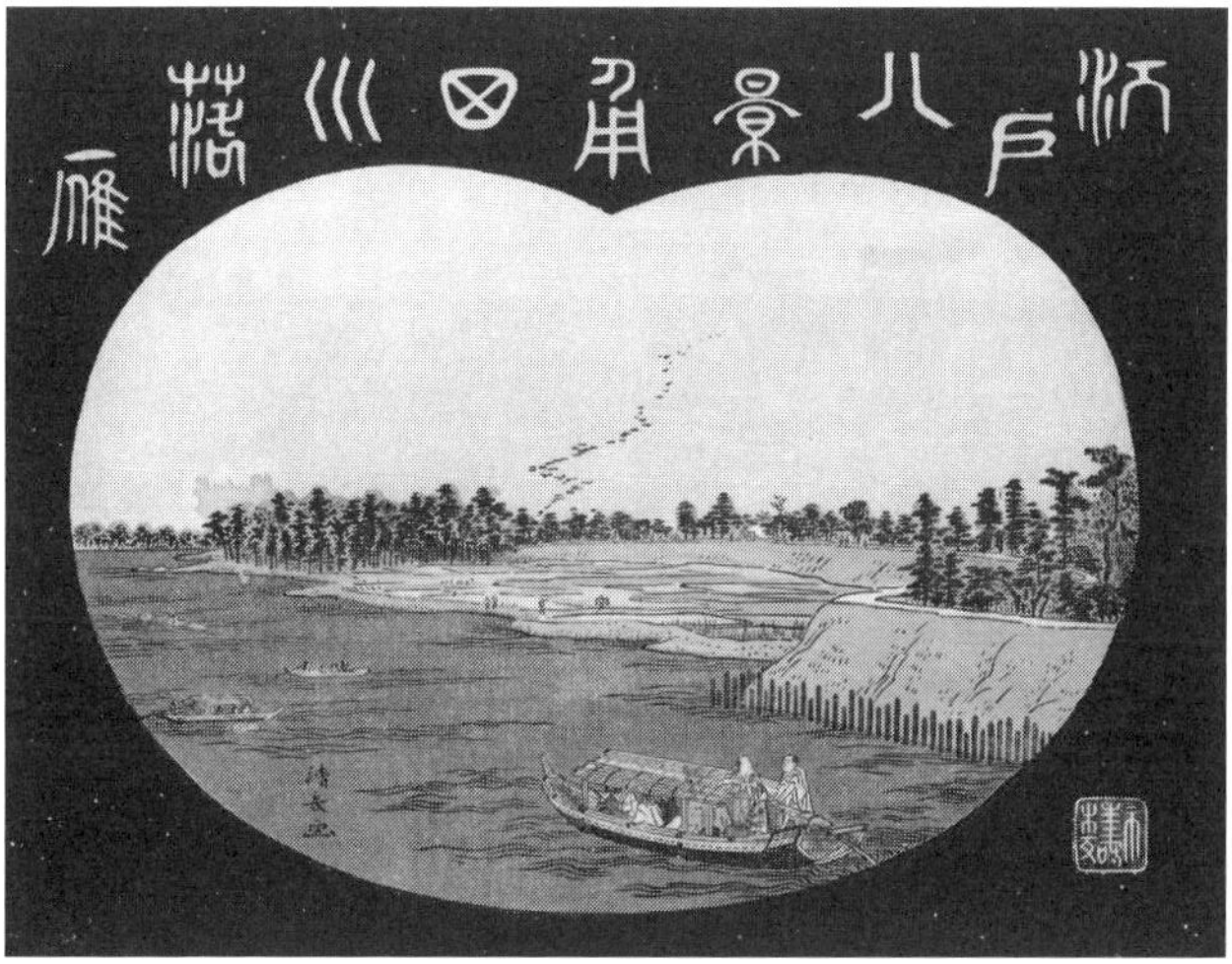

清長「江戸八景　角田川落雁」

た話では、雁をとる鷹は、背中の尾羽のいちばん付け根のところに、大きな鯉のエラブタを括りつけ、そのエラブタの上に鈴をつけるのだそうです。そうすると、鷹が雁につかみかかって、ばたっと落ちて格闘しているときに、鈴がチリチリと鳴ります。そうすると、猟師は、草むらであろうと何であろうと、そこへ飛んでいってその雁を捕まえるということで鷹を助ける。そうしないと、群で飛んでいた雁が、集団で輪をつくって鷹めがけて急降下し、体当りをするのだそうです。ばたっと落下してきて鷹に体当りする。そしてすぐまた次の雁が待ち構えていて急降下して体当りするということで、三羽か四羽かに体当りされたらもう鷹はまいってしまうそうです。雁というのは、そういう意味で自らを犠牲にしても、仲間のために尽くすと考えられていました。こういうことで襖などに雁の絵がよく描かれたのだと坊城さんからうかがいました。

この清長の頃は、江戸の空には雁がたくさん飛んでいましたし、白鳥や鵞鳥も飛んできました。鶴も飛んできました。六義園の松に鶴が止まったといって、柳沢信鴻《のぶとき》が『宴遊日記』に記しています。いまの私たちには想像することのできない美しい風景が展開していたのです。

これは「坐舗八景」のうちの「琴路《ことじ》の落雁」です。巨川とありまして、春信という署名はどこにもないのですが、旗本の大久保巨川が春信に描かせました。これは琴の弦を支えるための琴柱を落雁に見立てた、という風流な作品です。

これは湖龍斎の描きました「風流長哥八景」のうちの「さぎむすめの落雁」です。鷺娘というのは、

湖龍斎「風流長哥八景　さぎむすめの落雁」

長唄の中でも有名なものですが、それに落雁を見立てたという、非常に面白いものです。

これは「深川八景」のなかの「佃の帰帆」です。佃島はいま江戸の風情をいちばんとどめているところで住吉神社のあたりにほんのわずかですが佃煮屋さんとか、古い家並が残っております。深川の沖は良い漁場で、白魚などもあのあたりでとれたのがいちばんいいと言われておりました。江戸のはじまりの頃この佃島の漁師が幕府の御用漁師だったのです。

これは八景ではないのですが、江ノ島詣の情景を描いた、清長のたいへんすばらしい絵です（一四六―一四七頁図参照）。いま潮が満ちていますが、潮が引きますと、ここのところを渡れるようになって江ノ島へお参りに行くことができました。これは潮待ちをしている江ノ島詣の美女たちで、絣《かすり》の着物を着た人とか、駕籠に乗っている人、床机に腰をかけている人、こういう笠なども非常に風流ですし、面白い風景です。清長の名画の一つだと言われております。

これは春信の「坐舗八景」のうちの「手

清長「江ノ島詣」

拭掛帰帆」です。巨川の描かせたものではありませんけれども、手拭掛けを舟に見立てて帰帆と洒落たわけです。次は同じく春信の、男女がキスをしているのが鏡に映っている絵ですが、このデザインは、近代的で面白いと思います。

春信の「坐舗八景」は次から次に絵師たちに影響を与えましたが、春信自身も他に「名鳥坐舗八景」「今様おどり八景」「美人八景」なども描いています。鳥居清長も「風流座敷八景」の外に「江戸八景」「風流吉原八景」「四季八景」「金龍山八景」などを描いております。

八景浮世絵を最もたくさん描きましたのは歌麿です。これは驚くべきものですから、『浮世絵聚花――ボストン美術館3』（小学館）の巻末に記された「喜多川歌麿作品目録」に記録された二十一種の歌麿の八景図の題名だけをあげ

てみましょう。

①江戸八景、②浮絵近江八景、③仮宅八景遊君之図、④風俗浮世八景（寛政七年）、⑤遊君鏡八契、⑥青楼手取八景、⑦美人島田八景、⑧当世子持八契、⑨当世好物八景、⑩当世恋歌八契、⑪逢身八契、⑫通廓盛八景、⑬名所腰掛八景、⑭風俗浮世八景（寛政九年）、⑮青楼美人八景、⑯風流座敷八景（文化二年）、⑰なぞらへ八景、⑱当世風俗八景、⑲風流座敷八景（文化三年）、⑳浮世八景、㉑浮世婦人八景というのです。目録で本物の浮世絵を探し出して見ますとなかなかいきないい絵です。

第六講　近郊の名所巡り

一　江戸庶民の旅

本日は江戸近郊の名所巡りについてお話いたします。この前は新しい名所が日本のいろいろな条件、特に庶民の力の向上によって開発され、庶民たちがいろいろな新しい名所に遊びに出かけていったということをお話したのですが、特にその中で、中国の「瀟湘八景」にルーツがあると言われております近江八景を始めとして、江戸のさまざまな八景について重点的にお話をいたしました。

前回のセミナーが終った後で、もっと他にも、いろいろな八景があることを申し忘れたことに気がつきました。たとえばついこの間、テレビで太宰治の『富嶽百景』について放送しているのを見ていたのですが、太宰には『東京八景』という作品もあるのだそうでありまして、それを私、是非読んでみたいと思っております。そういう近代の名作の中にもいろいろな八景というのがあるようです。

そういう新しい八景とか、それから萩寺とか梅屋敷などの見物——かつては上層町人たちが、そういう庭園をつくったり、遊びをしたりしていたのですが、――をごく普通の庶民が愛好し、また日常生活においても、八景などを遊びの道具の中に取り入れて、双六にしたり、子供の遊びにしたりというようなことまで広く行なわれるようになりました。これはとりもなおさず庶民の経済力、生活力が非常に豊かになって、文化生活が充実してきたということを物語っているものだと思います。

またさらに、吉原などに遊びに行くとか、浮世絵を購入して楽しむといったようなことだけではなく、江戸近郊の各方面、あるいは遠くお伊勢参りとか、西国三十三所巡礼とか、四国八十八ヶ所巡礼とか、金毘羅参りとか、善光寺詣とか、松島・宮島・天の橋立などという日本三景巡りであるとかいったように、かなり遠いところへ参詣に出かけたり、遊びに行ったりするというようになるのです。

もちろん伊勢参りとか、三十三所巡礼、八十八ヶ所巡りといったものは非常に早くからありまして、特に熊野詣は、後白河法皇を始め、天皇、貴族たちが盛んに行ないました。花園天皇なども、山辺路《やまへじ》というたいへん難所の多い道を、時には胸まであるような熊野川の流れを渡って、本宮へ参詣するというようなことを実際に行ないました。非常に古い時代からの伝統が熊野詣にはあるのです。

ただし、そういう天皇や貴族たちの参詣は多くの家来たちを連れた旅行ですけれども、江戸時代の旅はそうではなくて、ごく普通に、歩いて行きました。

今日はそのうちの、大山、江ノ島、鎌倉、成田、こういうところへ出かけて行きました名所巡りということについてお話をしてみたいと思います。名所巡りと申しましても、これは今日のレクリエーション旅行と違いまして、江戸時代は自分の土地を離れるためには、そこの責任者の旅行証明書、すなわち往来手形というものが必要でした。その往来手形をいただくためには、遊びに行くというようなことではなくて、善光寺にお参りするとか、三十三所の巡礼をするとか、金毘羅さまにお参りするとか、あるいはお伊勢さまにお参りするとか、そういう参詣の旅ということが、非常に都合がよかったようです。

当時のいろいろな日記や記録を読んでみますと、旅の実態がよくわかります。たとえば京都大学には、『日下村庄屋日記』という元禄の少しあとから、享保の終り頃まで、毎日詳しく書いた日記がありまして、その日記を私は京都大学に、昭和二十一年でしたけれども、一年間内地留学というので行っておりましたときに詳しく読んだのでありますが、それを見ておりますと、村の庄屋ですから、村人たちが、善光寺参りとか、金毘羅参りとかに出かけるようなときには、その手形の許可をとってやらなければならない。それで、あるとき、伊勢参りに行くというので、十五人は許可をとったけれども、三人は手形なしで出かけてしまった。困ったものだといって、たいへん心配している箇所がありました。それも無事に行って帰ってきたらしくて、あとどうなったんだろうと思っていろいろ探したけれども、その後のことは全く書いてありませんでした。

伊勢参りというのはちょっと変わっておりまして、六十年に一度ぐらいの頻度ですが、おかげでさ、ぬけたとさ、と言って御蔭《おかげ》参りをするのです。いちばん盛んだったのは、明和八年（一七七一）と文政十三年（一八三〇）の二つでありまして、その模様を実に詳しく書いてある本が出版されています。その御蔭参りのときは、往来手形も全然必要でなく、自由に方々から出かけて、列をなしてお参りに行ったというのですけれども、そういう異常な社会現象が巻き起されました。この時は往来手形がなくてもよかったのです。ふだんでもある程度お参りできたのではないかと思いますが、ほかの旅行はそういうわけにまいりません。みんな往来手形をちゃんと持って、関所を通らなければならなかったので、神社仏閣へ出かけ、お参りをするということは、旅行の証明書をとる上でも非常に便利であったようです。

江戸の庶民たちが近郊に盛んに出かけて行くようになったのは、だいたい一七五〇年代頃、つまり宝暦頃、もう少し前からもちろん行っておりますけれども、宝暦、明和、安永、天明頃、この頃が日本では封建時代の非常に大きな曲がり角になりました。封建社会が近代資本主義社会へ展開していくということを考える場合には、何が封建社会で、何が近代なのかというメルクマールが必要です。これには三つの条件があるといわれています。その一つは、非常に広範な農民一揆が勃発するようになるということ。二つめは、封建領主が領民の再生産を保証しなくなるということ、つまり非常に貧乏な人たちがでてきても、その貧乏人が生活をする条件をちゃんと整えてやらない。だからその貧乏人たちはどこかへ流民となって逃亡するとか、いなくなるとかいうことになっても、領主はそれを放置して責任を持たないというようなことです。それから三つめは、マニュファクチャーと言われる工場生産が起こってくることです。これを日本に当てはめて考えてみますと、ちょうど宝暦、明和、安永、天明という頃にそういう条件がたいへん目だって出てくるのです。

たとえば宝暦に起こりました有名な郡上《ぐじょう》一揆というのがありますが、問題は、あのあたりに絹生産が起こってきまして、そういう新しい商品生産のグループと従来の農民のグループとの間に、非常に大きな社会矛盾が生じてくる。領主は農民側からの収奪を強化いたしまして、絹生産業者を保護いたしました。それに対して農民たちは広域にわたる一揆を起こしたのであります。そのとき有名な唐傘連判ということをどの村もするわけです。それがいまも残っています。唐傘連判というのは、何十人という人が血判を押した連判状です。名前を横に順番に書きますと、誰が責任者だということがわかりますが、丸く名前を唐傘状に書きますと責任者がわかりません。郡上一揆の人たちはお金を出しあって、責任者が江戸に行って、将軍に直訴をしたしました。その直訴が届いて、幕府の直接判定という裁判を行なうということになりました。もちろんこの責任者は磔刑になりました。そして金森藩も大きな処罰を受けるというようなことになったのです。

このように宝暦から天明にかけて広い地域にわたる百姓一揆があちこちで起こりました。安房あたりにも起こりました。これも成功しました。というようなことで、非常に広域な百姓一揆があちこちで起こってまいります。やがてそのあと松平定信が老中になった頃は、茨城県などは村の中に庄屋と村の責任者だけがいて、農民はほとんどいなくなってしまった村もあるということが、定信の『宇下《うかの》人言《ひとごと》』という本に書いてあります。つまり封建領主が農民の再生産を保証しなくなってしまい、そのため農民たちは江戸へ逃げて行ったり、あるいはもっと都合のいいようなところへ逃れて行って、村を放棄するというようなことが盛んに起こってきたのです。

いまも日本では各地に、東京集中で過疎の村や山村がいっぱいできておりますけれども、私はこれは第二の非常に大きな日本の変動期ではないかと思っております。

江戸時代は、そういう村々もありましたけれども、しかしそういう村はどんなに過疎化しても、やはりどこかから、たとえば茨城県ですと、長野県とか、新潟県とかから来てもらうというようなことで、村が再生産できるような形に建て直していくのであります。そしてまたどういうところでも、江戸時代は、物が生産されるというようなところは人が住みました。島も、どんな離れ島でもその島でアワビがよくとれるとか、あるいは特別な産物があって、それを生きたまま遠くまで運べるといったようなことができるところは、みんな人が住んだのです。ですから、どんな奥山でも道がありました。したがって江戸時代後期という時代は、おそらく日本の自然がいちばん隅々まで開拓されて人が住んでいた時代であると私は思っているのです。

そういう日本の隅々の人までが何らかの蓄えをして、そして伊勢講をつくったり、あるいは金毘羅講をつくったり、善光寺講をつくったりしまして、順番で参詣に出かけていくというようなことが全国的に行なわれるようになりました。こういった参詣には字が読めなくても出かけていくことができましたし、その旅はその人たちにとっては、精神的にたいへん豊かな文化生活であったと同時に非常に新しい知見を、至るところで得ることもできたのです。たとえば伊勢参りでは、自分が作った稲の穂をお供えして人の供えた新しい稲をもらってくるということがなされました。つまり新種を手に入れてくるといったようなこともいたしましたし、栽培法を新しく勉強してくるとか、いろいろな勉強をしてくることになったのです。

そのようなことで、お寺参り、あるいは神社詣というものに日本人が驚くほどたくさん出かけて行きました。江戸時代の旅と申しますのは、今の新幹線などの旅とは全然違います。きょうは、鎌倉・江ノ島詣というのがどのように行なわれたのか、あるいはまた成田山参詣には、どういう道を通って、どんなふうに行ったものかというようなことなどを、資料をもとにしてお話してみようと思います。

二　大山詣

まず大山でございますが、あそこはなかなか上のほうはきついんです。昔はたくさんの人がお参りしましたから、それらの参詣者の宿がありまして、その宿にはみんな修験道の先達《せんだつ》がおりました。その宿がいまも残っています。そこを通りまして、上まで行きますと、ケーブルカーがありまして、足の弱い人はケーブルカーで行くのですが、私は昭和四十三年頃に東京教育大学の日本史の学生を連れて登ったことがあります。学生も足の弱いのはケーブルカーで登りたいというので、半分ぐらいケーブルカーで行ったのですが、私はあとの学生を連れて、上まで歩いて登りました。

学生たちには、大山の頂上の阿夫利《あふり》神社までにある燈籠とか鳥居とか、いろいろな石碑とか、そういうものは誰が寄進したのか、細かく記録をとらせました。私は、奥の院のところにある石の手水鉢へ学生を二人連れて行きました。君はこちら側、君はこちら側の寄進者の名前を書きなさい、と申しましたが、石に土がついていてよく読めません。その土をとるために、私は亀の子たわしをちゃんとポケットに入れていまして、それでこすりました。そうすると字がはっきり読めました。そこには、日本橋大工誰々、小田原町大工誰々、瀬戸物町大工誰々、大工・左官というような名前、それから火消の何組というようなことが書いてありました。鳥居といい、石碑といい、だいたい江戸の日本橋とか神田とか、あるいは下町の人たち、それも大名の家臣などではなくて、職人として働いているような人が寄進しているということがわかりました。

大山阿夫利神社は、江戸時代以前は、農業の神さまでしたから、大山周辺の農民たちがみんなお参りをしたのです。そして神社のお札をいただいてきて、田圃の水口に挿したのです。そうすると稲が虫もつかなくて豊かに実ると信じられていました。もともと農業の神さまだったのが、江戸が大都市になったために、江戸からのお参り客が第一の客になり、それにともなって神社の名前が雨降り神社から阿夫利神社に変わりました。

もちろん修験道の人たちは、盛んに大山で修行をいたしました。いまはなくなってしまいましたけれども、かつては大山の麓にすばらしい滝がありまして、その滝に打たれて体を清めてから修行をいたしました。夏は誰でも平気ですけれども、雪の降るほんとうに寒いときに滝に打たれるというような修行を修験道の人はしたのです。真言宗ではいまでも高野山で寒中修行をいたします。ときどきテレビでも放映されることがありますが、大寒のいちばん寒いときに滝に打たれて、「摩訶般若波羅蜜多心経　観自在菩薩行深般若波羅蜜多時……」と唱えます。それも一度や二度ではなくて、何度も唱えるのです。修験道は真言宗と天台宗の両系統がありまして、密教系ですからどちらも般若心経を唱えます。そして嶮岨なところを渡って、凄い修行をいたします。大山では、修験道は修験道として行なわれ、一方で庶民の大山詣ということが行なわれたのです。

その大山詣をする際には、江戸ではみんなが、まず両国橋の向こう側の回向院のところの橋の下手で禊《みそぎ》をいたしまして、そして両国橋を渡り、半蔵門、新宿、そして追分から世田谷のほうへ行って、大山街道を大山へと進みました。そして、特に江戸時代になってからは、阿夫利神社に「奉納大山石尊大権現」と書いた大きな木刀を奉納したのです。ところが、中に変わったのがおりまして、ものすごい木刀をつくって、みんなでワッショイ、ワッショイと叫びながら参詣を始めたのです。それで町奉行所から禁止令が出ました。ですから木刀を持っていった者が捕まったという記録も残っております。

三　江ノ島・鎌倉詣

こういうように大山へ詣でたのでありますが、江ノ島、それから鎌倉というあたりは、大山よりもさらによく出かけて行ったところでありまして、特に若い連中は、江ノ島・鎌倉へ行くと称して品川遊廓へ泊まり込んだままということもしばしばあったようであります。

さて、これから、どういうぐあいにして江戸から鎌倉・江ノ島へ行ったのであろうかということを、『江戸名所図会』を見ながら、想像していただこうと思います。

これは品川の東海寺の塔頭にあります、賀茂真淵と服部南郭の墓です。品川の六地蔵のことを申しましたときに少しお話しましたが、ここには沢庵禅師の墓がありまして、そのすぐ近くに賀茂真淵の墓があります。服部南郭の墓もすぐ近くにありますが、非常に寂れております。

それから品川寺。これはこの前六地蔵のところでお話しました。これは天保年間の品川寺の様子で、六地蔵の頭にはちゃんと笠がのっていますが、今はありません。

それから少し行きますと、これが鈴ヶ森です。これは死刑場でして、いまは高速道路をおりきったすぐ右側のところに、標示板が立っていますが、もうしばらくすると、ここが鈴ヶ森の刑場跡だということはわからなくなってしまうのではないかと思います。いまは高速道路のあたりから見ても、海

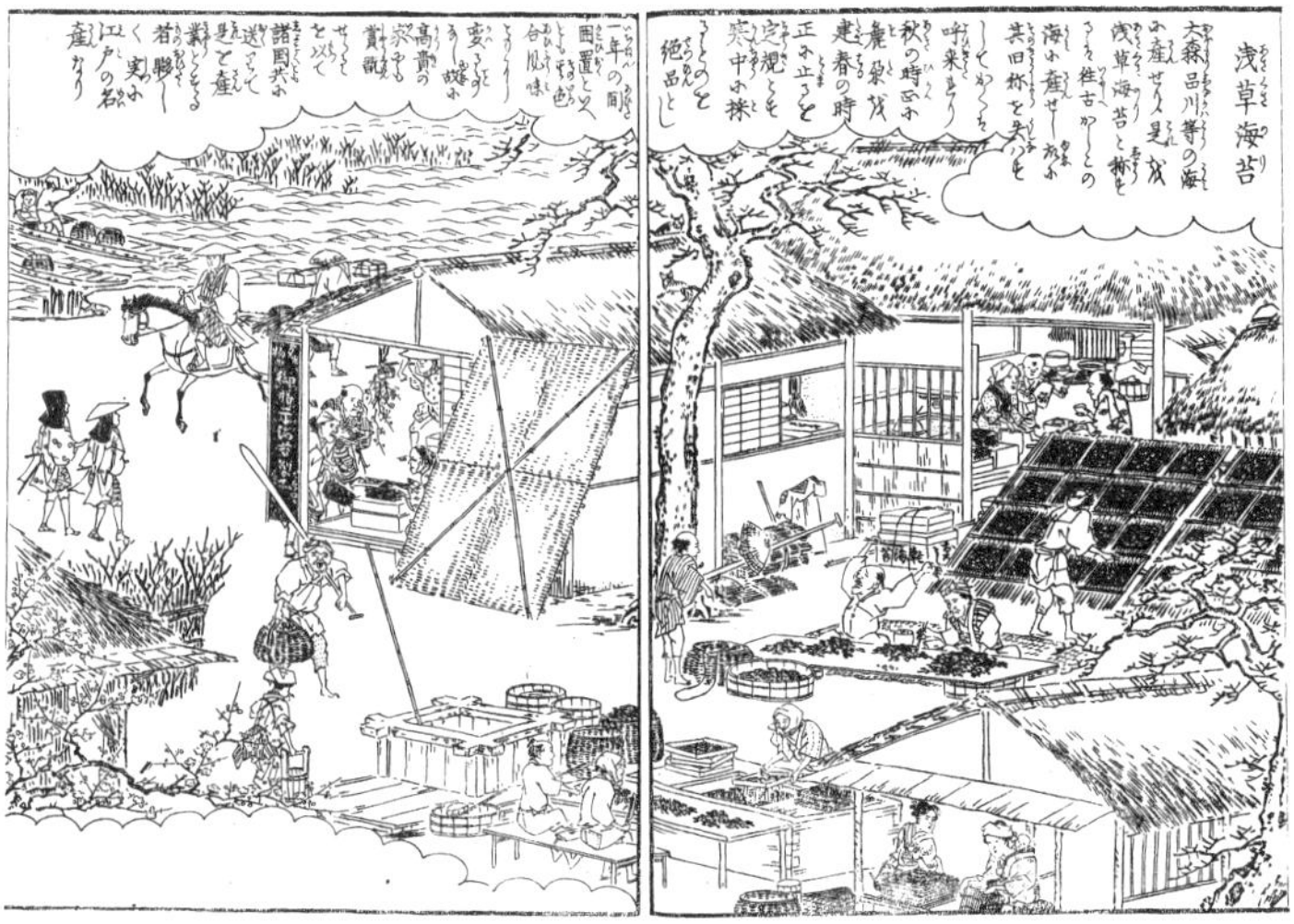

大森の浅草海苔（『江戸名所図会』より）

ははるかに遠いのですが、当時は海岸沿いでありまして、磯なれ松などがあり、鎌倉・江ノ島などへ行くときは、こういうところを悠々と、波の音を聞きながら、女の人たちは駕籠に揺られ、男たちは尻からげをして弁当を背中に背負って歩いて行ったのです。

それから、蒲田からやや右に行ったあたりに池上の本門寺がありまして、日蓮宗の人たちは、途中でそこに必ずお参りに行っただろうと思います。

これは大森海岸ですね。大森、蒲田、あのあたりの海岸は浅草海苔をたくさん生産したところでありまして、ここには浅草海苔をつくっている有様が描かれております。

こちらはその大森の麦藁《むぎわら》細工ですが、非常に有名だったようです。江戸時代には鎌倉とか江

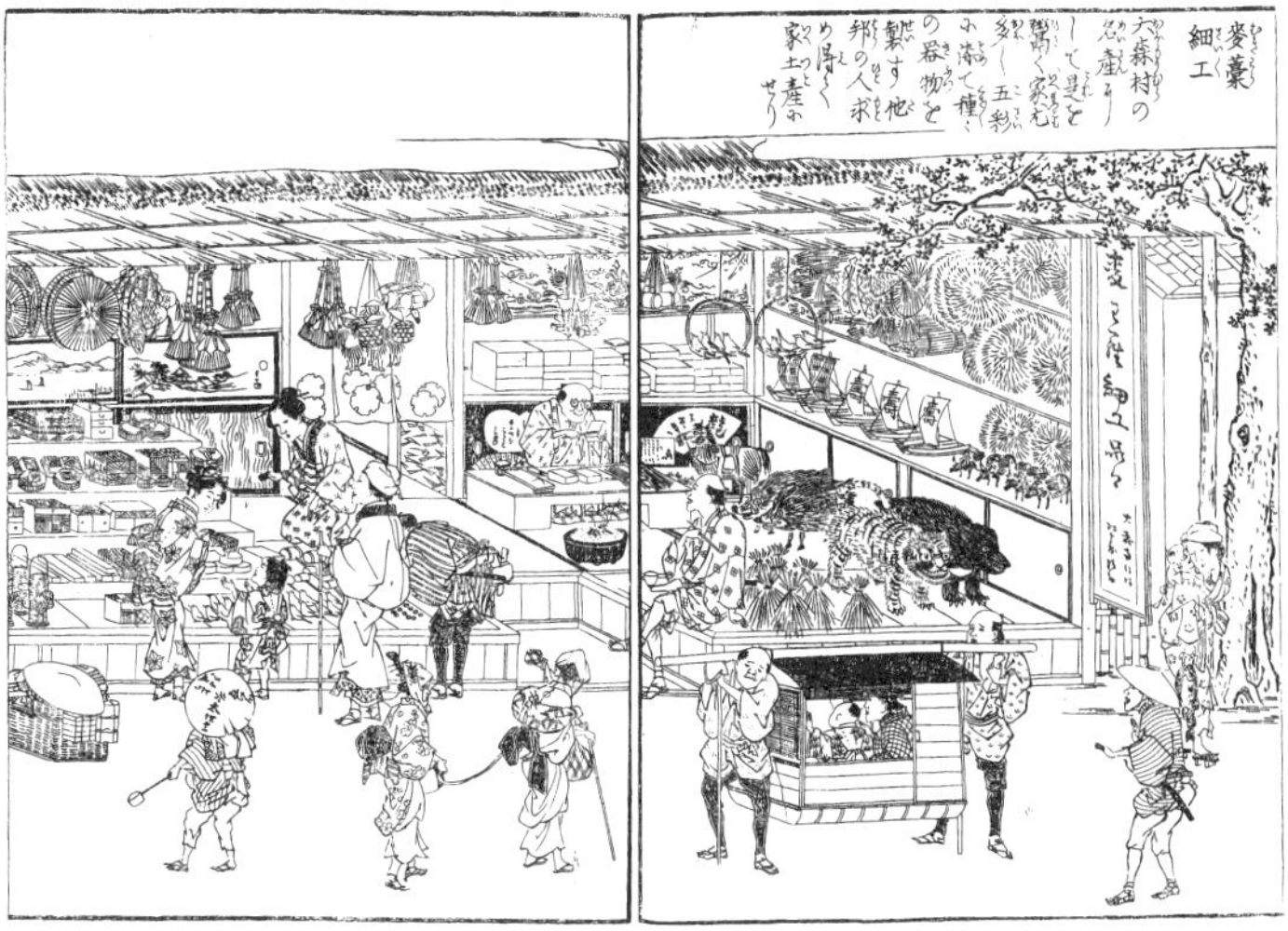

大森の麦藁細工（『江戸名所図会』より）

ノ島、あるいは金沢八景などに遊びに行った帰りに、お土産にも適当であったらしくて、大森でこの麦藁細工を買ってきたようです。いま麦藁細工などというのは、麦をつくらなくなりましたからなくなりましたが、昔、私どもの子供の頃は二毛作でどこの家も麦をつくりました。小麦の茎というのは、屋根に葺いたりすることもできましたし、強くて光沢があり、細くてきれいでしたから、私も子供の頃組み合わせて蛍を入れる籠をつくったりしたものですが、この麦藁細工も小麦の藁を使ったものであろうと思います。自分で作ると面白いものです。このあたりに掛けて並べてあるのは、全部麦藁細工です。

これが蒲田の梅屋敷です。江戸の梅で最も有名なのは、亀戸の臥竜の梅というものでした。

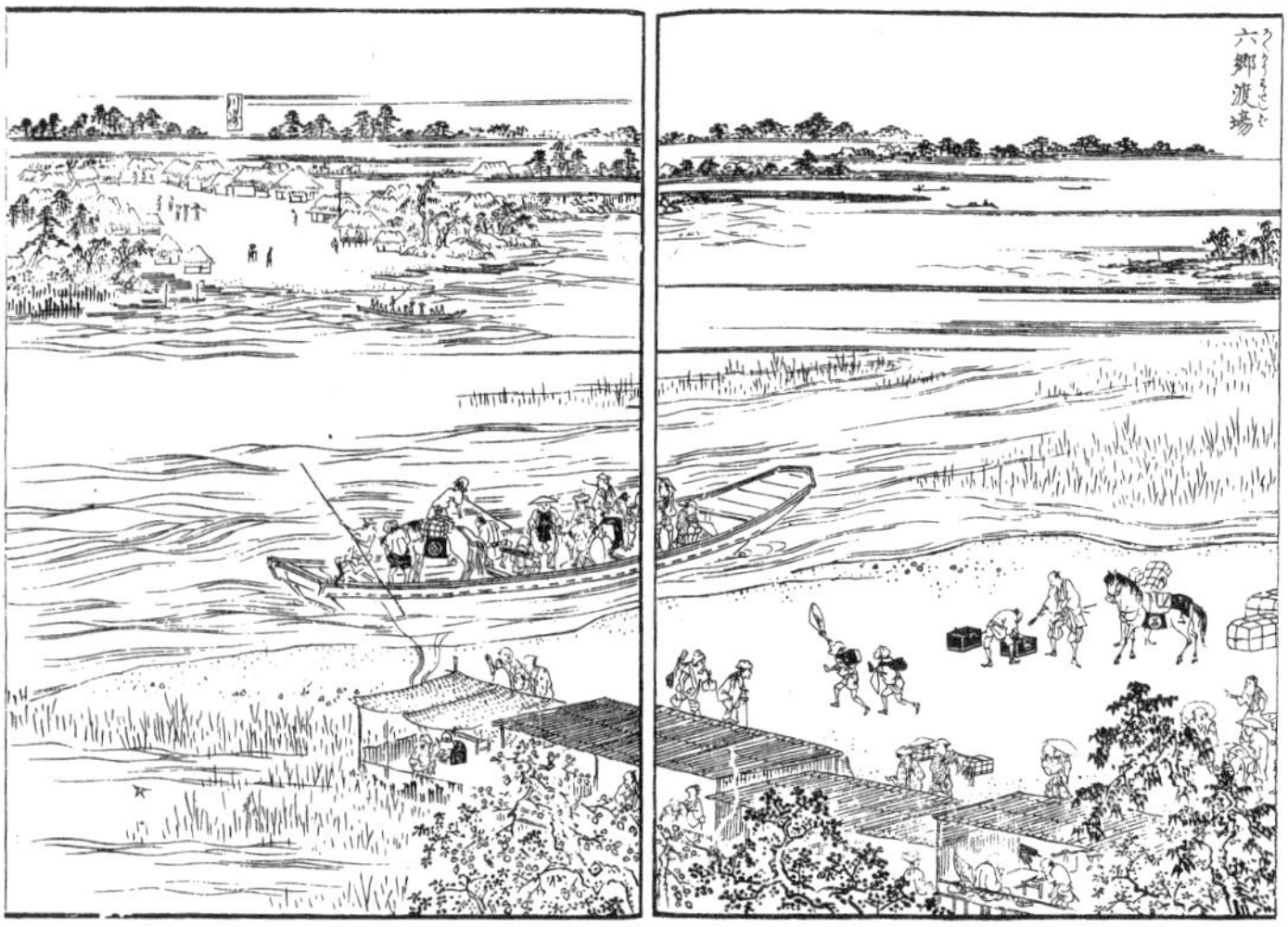

六郷の渡し（『江戸名所図会』より）

幹が土の中に潜って、また向こうから幹がにょきっと出て、それが横に長くうねっているような梅で、竜が這っているように見えるところから臥竜の梅という名前がついたと言われているのですが、それとこの蒲田の梅屋敷というのが有名でした。

それから、これは六郷の渡しです。この川は馬入川とも相模川、六郷川とも言われます。こちらから渡っていく渡し舟の有様が非常によくわかります。そしてここには渡し舟のお客さんが待つ茶店がありまして、舟に乗って向こうへ渡りますと、ここに川崎と書いてありますが、川崎になるわけです。この渡し舟を見ますと、荷物をいっぱい背中に載せられた馬が渡し舟に乗っています。このように馬も牛も駕籠も、この渡し舟で渡されたのです。たいへん面白いと思います。

この『江戸名所図会』は、一巻から六巻までが日本橋、銀座、築地、品川から鎌倉のほうへ向かいます東海道沿線を描いてあるのです。これが川崎の山王神社。そして川崎のお大師さんです。ここには非常に詳しく川崎大師の様子とか、正月、三月、五月、九月の二十一日に参詣が多い、なかんづく三月二十一日は御影供《みえいく》にて大いに賑はへり、と書いてあります。川崎大師は、いまでもお正月の参詣客の数で明治神宮や浅草寺と一、二位を競うほど、たくさんの人がお参りに行くようですけれども、江戸時代も川崎大師は非常に賑わいました。この川崎大師のあたりに、いまはそんなことがあったのが信じられないような塩田の風景が描かれています。東京湾でも、行徳などに塩田があったことは、よく知られていますが、『名所図会』をくわしく見ておりましたら、川崎にも塩田があり塩をつくっていたということを知りまして驚きました。

そうして間もなく鶴見の橋を渡ります。こういう小さな川には橋がかかっていたのですが、大きな川、例えば大井川とか、天竜川とか、六郷川とかというような川には、徳川幕府の政策として橋をかけなかったのです。ですから、参勤交代の大名たちも、東海道を通るのはだいたい四月頃です。六月、七月、八月、九月などの梅雨とか、台風のシーズンになりますと、川を渡るのがたいへんですから、その頃にやって来まして、翌年帰りますときには中仙道を通って帰る大名がかなり多いのです。

鶴見の橋を渡りますと、今度は総持寺、そのあたりに生麦事件で有名な生麦村がありまして、その

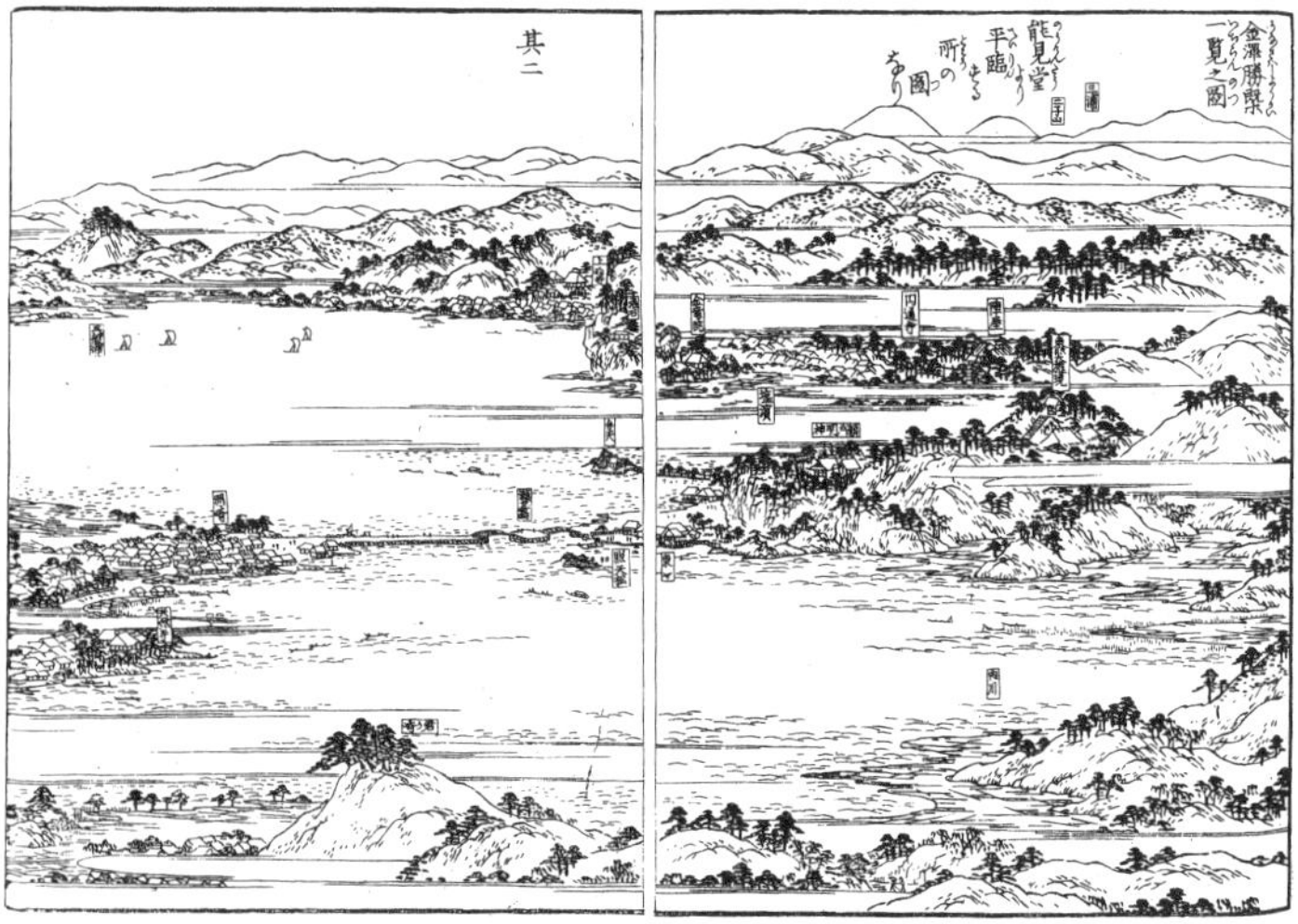

生麦村の信楽《しがらき》茶屋というのは、米饅頭が有名で、たいへん繁昌したと書かれています。これは何だかわからないのですが、天狗の面を背中に背負って歩いている人がいます。ほかの人は米饅頭というのを食べながら休息しています。そしてこれは神奈川台ですね。つまり、いまの横浜駅のあたりから少し行った所が神奈川台で保土ヶ谷へと続いていくのですが、海の側は寒村ですね。やがて横浜開港ということになりまして、まるで変わってしまうわけですが、このあたりの村のところには、大名行列が描いてあります。家が少なくて実にのんびりした当時の風景です。

そして、これが横浜。横浜というのがこういう形で描かれております。それからこれが横浜本牧。このあたりを通って、金沢八景のほうへ歩いて行ったようです。この金沢八景の全景や

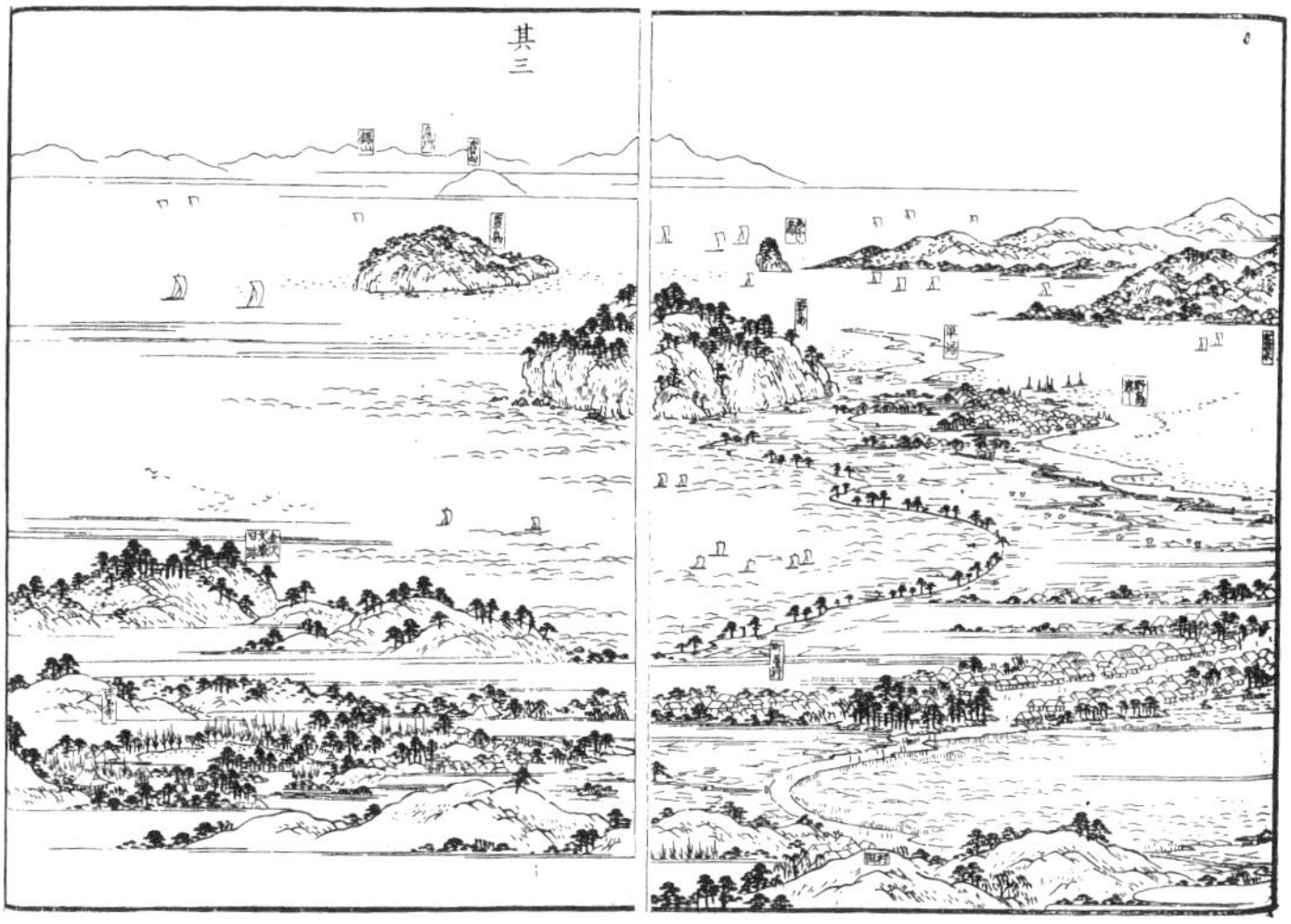

金沢八景（『江戸名所図会』より）

ら一部の景色やらを、この『名所図会』は非常に詳しく描いております。浮世絵の金沢八景は非常にデフォルメされておりますけれども、この『名所図会』の金沢八景は長谷川雪旦を連れて行って、こういうところからこの景色を描けと指示しましたので、実に正確にスケッチしています。ここに瀬戸橋という橋がかかっております。中に夏島という小さな島があり、その島に両側から橋をかけてありまして、ここが有名な名所になっていたようです。

そしていよいよ最後は称名寺です。鎌倉、江ノ島は『名所図会』には描かれていません。というのは、鎌倉、江ノ島は、別に一枚刷りの地図とか名所案内がたくさん売り出されていたからです。

四　成田詣

それから、今日は全部詳しくはお話ができませんけれども、これは安政年間に出版されました『成田名所図会』という本です。一から六まであって、木版本です。これはそんなに人気がなかったのでしょうか、初版本です。

これを見ますと、やはりこちらの『江戸名所図会』などにならって書いたというのですが、『江戸名所図会』は明和頃から天保頃までの江戸の様子を実に正確に描写してあるところが非常にすばらしいと思うのですが、これは伝統など古いことの想像図がほとんどで、現実の絵をあまり描いてありません。しかし、ここでは幾つか現実の場所を描いているものをごらんに入れながらお話してまいりたいと思います。

この本は安政戊午（一八五八）の春三月の刊行で、中の扉には「成田参詣記」となっていますけれども、表紙には『成田名所図会』とあります。駆け足で見てまいりますが、まず国府台の図があります。上総国の国府が置かれていたところでして、いまも国府の跡があります。そしてそのすぐ近くに真間《まま》の手児奈《てこな》な身を投げたという有名な池があります。私は学生の頃、座禅ばかりやっておりまして、座禅の道場が国府台にありましたから、真間の駅で降りたり市川の駅で降りたりしてよく通いました。

とにかく毎月行って、月の始め一週間は道場に泊まり込んでいたので、あのへんは実によく歩き回りました。

市川の向こうに有名な中山寺という日蓮宗のお寺がございます。この『図会』には日蓮上人が鎌倉から中山に行く舟の様子とか、日蓮が説法をしている様子とかが、想像で描かれています。しかし、中山寺のお寺の様子は描いてないのです。日蓮宗のお寺ですから何か面白いものがあるだろうと思って私はまいりまして、びっくりしたのは、いちばん奥のほうの小さいお堂ですが、そこに「中山寺」と書いた、本阿弥光悦の額がかかっています。この光悦という人は、たいへん熱心な日蓮宗の信者でありました。いま思い出します光悦の「中山寺」の文字は、中山は普通なのですが、寺という字の寸の縦がたいへん長く書いてありまして、実に見事で力強くて凄いと思いました。そういう光悦のことなどは一行も書いてありません。当時は、成田山へ行く途中、日蓮宗の人はみんなここの中山寺にお参りして、非常にありがたがっただろうと思います。そういうところをお参りして、今度は船橋に着きます。これは船橋の様子ですが、いまでは想像もつかない、まことにのんびりした船橋です。

そして大和田がこういうところです。それから途中印旛沼《いんばぬま》を通るのですが、印旛沼は、田沼時代に干拓の計画をして、工事を始めたのですが、中止になってしまいました。

次が臼井の町。いまどういう地名になっているのかわかりませんが、お城があったりして、なかなか栄えた町のようです。それから、これは上杉謙信が臼井の町を攻めたときの図だというのですが、謙信がこんなところまで出陣して戦ったことがあるというのも私は初めて知りました。

これが佐倉の町です。佐倉は現在、歴史民俗博物館のある、堀田氏のお城のあったところです。堀田家は代々幕府の老中をつとめた家ですから、名家です。江戸の周辺の佐倉とか、館林とか、所沢とかいうところは、非常に重要な拠点でしたから、そこは譜代の大きな大名がお城を構えたところです。将軍家光の老中、堀田正盛は、家光が亡くなったときに、家来たちには、自分が切腹をして殉死しても、お前たちは一人も殉死をしてはいけないと言って、自分だけ殉死をいたしました。その正盛以後、代々、堀田家が佐倉の城主でした。その佐倉の城のことなどを非常に詳しく描いています。そしてあそこから京成電車に乗りますと、すぐに成田山に着くのですが、筑波山がよく見えますので、印旛沼の向こうに見える筑波山を描いております。

いよいよ成田に到着いたしました。成田山へ行く参道が描かれておりまして、これはそこからかなり入って行ったところです。町の様子などが実に詳しく書かれております。これが成田山新勝寺の全貌です。いまはこの図よりも建物がだいぶ少なくなっております。これは浅草寺だって、比叡山だって同じです。高野山はかなり残っていますけれども、浅草寺など、仲見世のあります両側に六つの大きな塔頭があったのですが、いまは一軒も残っておりません。新勝寺も、塔頭はほとんどなくなりまして、いまは本坊のあたりだけが残っているという形になっているのです。

そして成田山へお参りした人たちは、佐倉惣五郎の墓にお参りしたというのですが、この惣五郎について、惣五のことは実録と伝説とは相違あり、あんなのは嘘だと思え、と書いてあるのですが、児玉幸多先生などの研究によりまして、佐倉惣五郎というのは実在の人物であることが証明されております。堀田藩は惣五郎を非常に手厚く弔いました。百姓一揆といったようなものに対して、佐倉藩主は実に聡明な対応をしていると見ていいと思います。

第七講　遠方の名所巡り

一　信仰の旅

今日は遠方の名所巡りについてお話いたします。いまですと九州でも北海道でも飛行機で一時間余りで行けますから、少しも遠くないのですが、江戸時代はみんなテクテク歩いてまいりましたから、京都へ行きますにも十四、五日、足の弱い人は二十日ぐらいかかりました。少し遠方でもたとえば富士登山のお参りとか善光寺参りなどは三、四日では往復できません。

そのような遠方の名所巡りといたしましては、お伊勢参り、善光寺参り、西国三十三所巡り、それから関東からもかなりの人数が出かけて行きました四国八十八ヶ所巡り――これは真言宗の人たちが、弘法大師ゆかりの八十八ヶ所を巡る旅です――、それから金毘羅参り、それから二十四輩順拝――これは美濃、越前、越中、越後そして信濃にかけまして親鸞上人のゆかりの地を回り歩いた巡礼の旅です――などがございます。そういう旅は、ごく普通の庶民たちが一生に一度の願いごととして出かけて行きました。中には、しょっちゅう行く人もありました。たとえば四国八十八ヶ所にしましても、西国三十三所にしましても、願をかけまして、五十回お参りした人は銀の札を納める、百回巡礼をした人は、金の札を納めるという風習がありました。それは金色紙の巡礼札を、一番から順に納めて行くわけですから、四国八十八ヶ所のばあいは、全部で八十八枚奉納することになります。

二　旅と民俗の記録

それからそういうお参りのほかにたとえば古川古松軒が幕命によって、天明の大飢饉のあと、ずうっと東北地域を回ってきた『東遊雑記』という貴重な記録があります。秋田から鰺《あじ》ヶ沢を通りまして、五所川原のあたりをめぐり歩いて行きます。ちょうど秋田から鰺ヶ沢へ行くあたりで、天明の大飢饉で死んだ人びとの骸骨の山を見たことが書いてあります。さらに古松軒は北のほうへまいりまして、実に細かい記録を残しておりますし、また古松軒よりもう少しあとですけれども、有名な菅江真澄という人は——この人は東海地方の人ですが——、信州からずっと奥羽を巡りまして、特に男鹿半島あたりを中心に、たくさんの細かな記録を残しています。この人はさらに北海道へ渡りまして、小樽からかなり向こうまでを見歩いて記録しています。たとえば、有名な円空仏が小樽よりまだ向こうにもあるというような記録を残しています。この記録は現在、『菅江真澄遊覧記』といわれていますが、その名前は柳田国男がつけたものです。これは一冊一冊、たとえば「男鹿《おが》の鄙《ひな》ぶり」というふうに、名前がついております。それから、真澄とほぼ同じ時代の人で、越後の塩沢に鈴木牧之という人がいました。塩沢縮みなどを商った金持ですが、富裕に任せて各地を旅行して、有名な雪国の記録である『北越雪譜』を残しております。またずいぶん山奥の記録である『秋山紀行』も残しました。

このように、各地方地方の特色を記録しておこうというようなことが盛んに行なわれるようになったのも、江戸後期の特色と言えると思います。

三　富士詣

さて、前おきはこのくらいにいたしまして、さっそく、富士詣からごく概略のお話をしてまいります。だいたい富士信仰が非常に盛んになりましたのは、享保年間に身禄《みろく》という人が修験者としていろいろな予言をしたわけです。ところが、ちょうど享保十八年（一七三三）の正月頃から、江戸に初めての打壊しが始まります。この打壊しは大岡越前守という町奉行に町名主たちが連名で、ぜひ幕府の貯蔵米を放出してほしい、そうしないと米の値段が非常に高くなって、暴動が起きるからということをしばしば進言するのですが、聞き入れてもらえない。それというのは、吉宗の増産政策によって、お米がずいぶんたくさんとれて、そのために米の値段が下り、お米を売って生活しておりました侍たちが非常に生活条件が悪くなった。そこで、幕府は江戸廻米禁止令を出しました。ですから江戸へ米が送られてこない。そのうえ、瀬戸内一帯にバッタの大群が発生して稲に大被害が出ました。それで十七年の秋にお米が馬鹿高い値段になってしまったのです。それで江戸の最初の打壊しが起こるのです。このことを身禄は予言できなかったというので、非常に自戒いたしまして、富士の山頂で入定した、つまり生きながら死んでいったのです。そのときにいろいろ神託を書いた「富士経」というのが残っているわけですが、それが岩波書店の「日本思想大系」の『民衆宗教の思想』の中で初めて公開されました。富士信仰のことは、それをお読みいただければよくわかります。

この富士信仰にいちばん特徴的なことは、この前、江戸の町中の富士山、人工富士のところで申しましたけれども、どこの山岳信仰も女人禁制でありましたが、この富士信仰は女性も登ってよろしいということでした。それが非常に大きな人気を得た理由の一つでありましょう。富士山には、幾つも登山コースがあるのですが、御殿場の浅間《せんげん》神社と富士吉田の浅間神社をお参りしてから行く人が多かったものですから、この二つの登山口には先達であります御師《おし》の館がありまして、そこに富士講の人たちが泊まって、翌朝早く登っていきます。そして途中に山小屋があり、そこで夜をあかして、翌日お中道巡りというようなことをしたのです。もちろん頂上にもお参りをするわけです。山開きは六月一日で、五月の末日から六月一日にかけて江戸の庶民たちは群をなしてお参りしたのです。この富士講参詣の凄まじさはたいへんなものであったようです。われわれの想像を絶する群衆が、甲州街道を経由して大月から富士吉田へと向かいました。あそこには、いまも浅間神社がありますし、まだ御師の家もたくさん残っております。御殿場のほうは近代化してしまいまして、御師の家はほとんど残っておりません。しかし浅間神社は御殿場のほうが立派です。そういうことで江戸庶民がわんさと富士山へ押しかけました。そして途中、あまりにたくさんの人がお参りをするものですから、旅館の人たちが困ったという記録もありますし、それから旅館がたいへん横暴だというので、もうあの旅館には泊まらないというような事態になって、旅館の側から富士講の人たちに詫状を入れたというような記録も残っております。

このように、江戸および関東一円に富士講の非常に大きな信仰組織があったわけです。江戸にも幾つも幾つも富士講の講中がありました。この講中というのは、道中の経費を自分一人で出すのはたいへんですから、何百人かの人びとが集まって、一つの講をつくり、お金を少しずつ出しあって、講のお金がたくさん集まりますと、お参りする人たちを順繰りに、くじ引きか何かの方法で決めて、そしてお参りに行ったのです。これはどの講中も同じです。成田講とか、御嶽講《おんたけこう》とか、伊勢講というように講中が組織されたのです。こういう形でたくさんの人がお参りしました。富士講は、富士山が見えるあたりの関東一円、このあたりがいちばん盛んであったようですが、伊勢参りは全国からまいりました。この伊勢参りの前身は、私は熊野詣であったと思いますが、江戸時代にもまだかなり熊野三山のお参りに出かけました。

熊野三山は、本宮と新宮と那智山とです。那智は青岸渡寺《せいがんとじ》です。そのすぐお隣に熊野神社がありま す。熊野詣の道は、海岸を行く道と、もう一つ、田辺から山の道を行くのとがあって、山の道を山辺《やまへ》路《じ》、海岸を行くのを海辺路《うみへじ》と申しまして、山辺路はたいへんな難所があったようですし、海は海でまたたいへんな難所があったようですけれども、これは平安時代以来、ずっと続いた伝統的な熊野詣のルートでありました。

熊野も伊勢も両方とも御師――これは富士山も同じでありますが――という先達の山伏がおりまして、この先達に案内をされて、地方の人たちがお参りをしたのです。その地方地方の信者のいますところを霞場《かすみば》と申しまして、その霞場を先達がぐるっと回りまして、いつ頃に熊野へお連れしましょう、伊勢へお連れしましょうということで、先達が案内をしたのです。この先達というのはたいへん旅行慣れしておりまして、全国に旅のネットワークがありました。義経主従が平泉へ落ちて行きますときも、山伏の姿になって行くわけです。弁慶はその山伏の先達でありまして、『勧進帳』で弁慶が最後の延年の舞を舞うときに、富樫に向かって、「先達、お酌に参つて候」と言って、お酒をつぎに行くところがあります。そうすると、富樫が「先達、一差御舞候《ひとさしおんまい》へ」と申します。それで、弁慶は「〽鳴るは滝の日は照るとも、絶えず、とうたり」という延年の舞を舞うのです。

この先達はしょっちゅう地方を歩いていますから、地方の道をくまなく知っておりまして、伊勢の御師であれば、伊勢講の人びとがどこにどういうふうにいるということを、実によく知っていたのです。そういう伊勢信仰の組織がきちっとできていたのです。

ですから地方に先達がやってきて、その先達に連れられて、伊勢講の人たちがお参りに行くというような形が初期はずっと行なわれていたのですが、東海道、東山道、つまり道路や宿駅の制度が非常に整ってまいりますと、そういう先達などの案内を必要としないで、江戸の中期以降は盛んに伊勢参りに行くとか、あるいは善光寺参りに出かけたり、四国八十八ヶ所にも出かけていくというような、そういう形の旅が行なわれるようになったのです。

四　御蔭参り

お伊勢参りには、前回も申しましたが、普通のお伊勢参りのほかに特殊なお伊勢参りというのがありました。これは興味深いと思われますので、今日はそのことを少しお話しておきたいと思います。それは御蔭《おかげ》参りというものでありまして、だいたい江戸時代の六十年ぐらいに一度、非常に特殊な社会現象といたしまして、熱病の如くに伊勢へお参りした現象でございます。だいたいは伊勢の御師たちが、今度の御蔭参りはどこのあたりから始めようかということで、最初の口火を切るために皇大神宮のお札を降らせて歩きました。次から次に札を降らせていく。お伊勢さんの札が降ったというので、貧乏な家の子供だとか、女房だとか、人に使われておりますような下男とか下女、こういう人びとが無断で、しかもお金も何も持たないで、着のみ着のままで街道を伊勢へ伊勢へと、参詣に出かけていったのです。そうしますと、途中で豊かな家の人たちが、御蔭参りが始まったというので、その貧乏な人たちに食事を給したり、着物を与えたり、履物を与えたり、駕籠に無料で乗せてやったり、渡し舟にただで乗せてやったりというようなことを盛んに行なって、無事に伊勢へお参りをしてくるというようなことが、江戸時代には五回起こります。最初は慶長年間に始まったのですが、これはあまり盛んではありませんで、江戸時代の最初は慶安三年（一六五〇）、二度目が宝永二年（一七〇五）で、その間が五十五年ぐらいあるわけです。三度目が明和八年（一七七一）で、四度目が文政十三年（一八三〇）。もう一度慶応三年（一八六七）に、「ええじゃないか」の御蔭参りが始まるのですけれども、これは非常に政治的に利用されたものですので、普通に御蔭参りといって、病的な伊勢参りが行なわれましたのは四回で、それが宝永二年よりも明和八年、明和八年よりも文政十三年というふうに尻上がりに広範に及ぶようになり、より大勢の人たちが出かけたのです。

そのいろいろな御蔭参りのことが『神異記』という書物に記録されています。私は『慶安神異記』というのは見たことがないのですけれども、『宝永神異記』『明和神異記』『文政神異記』は三冊とも京都大学の日本史教室にあるのを見たことがありますが、もちろん国会図書館とか方々の図書館にもこれはございます。これら三回の『神異記』を見ますと、たいへん面白い記事がいっぱい載っていきます。白い馬が走ってきたとか、伊勢へお参りしている人に、お前さんは伊勢へお参りするというけれども、伊勢にはどんな神さまがお祀りしてあるか知っているのかと聞かれたとき、そんなものは知らねえと言ったとか、どこかの村の某女がお参りに行っているうちにほかの男に通じたら、二人の身体はくっついたまま離れなくなったが、千人の人に見てもらったら離れるというので見世物になったという話とか、面白い話がたくさん載っています。

それから明和八年に『抜参残夢噺《ざんむばなし》』という本が出ておりまして、これを見ますと、貧乏な人が次から次に御蔭参りに行ったことが書いてあります。御蔭参りで面白いのは、下男・下女や使用人たちが無断で出かけて行きましても、主人や店の旦那が使用人を叱るわけにいかない。お参りから帰ってくるときには、隣村、あるいは隣の町まで帰ってきたということを人づてに主人へ通告をする。そうすると、主人は家で赤飯をつくって、よくお参りをしてきたといって歓迎してやらなければならないということが通念になっていたようです。

そういうことで、やたらに多くの人が抜《ぬけ》参り、御蔭参りに出かけて行きました。抜参りと御蔭参りというのは、同義に使われているのでありますが、ほぼ六十年ごとに盛んに行なわれました御蔭参りのほかに普段でも主人に無断で抜参りに出かけていくといったようなこともありましたので、同じ抜参りでも、こういう普段の抜参りは御蔭参りとはいいませんでした。

この御蔭参りの途中でもらったりするものを『神異記』などから抜き出してみますと、宿に無料で泊めるとか、駕籠、馬、渡し舟を無料で提供する、赤飯、餅《もち》、握り飯、お粥《かゆ》、お茶、手拭《てぬぐ》い、団扇《うちわ》、足袋《たび》、杖、草鞋《わらじ》、薬、鼻紙、笠、お金、それから水を飲む柄杓《ひしやく》を施行《せぎよう》として与える。この柄杓を背中のところにさしまして、途中でお金をもらったりするときは、その中に入れてもらうとか、あるいは水を飲むときにその柄杓で飲んだりいたしました。御蔭参りのときには、お金に余裕のある人たちが少しずつお金を出しあって、そういうものを集団で施行するということが行なわれましたので、そういう施行品を生産している人が、伊勢の御師とグルになって盛んに御蔭参りを煽動したのだという見方もあります。おそらくそういう一面もあったと思われます。ともかくたいへんな数の人がお参りに出かけたようです。

たとえば、伊勢に近い川を宮川といいますが、その川を今日は二十万人が渡ったとか、昨日は十万人渡ったとか、ちょっと考えられないような数字が『神異記』には書いてあります。

なぜ、このような御蔭参りが盛んであったのか、理由はよくわかりませんけれども、おそらくこの無銭旅行が出来たお伊勢参りというものは封建社会の下層民たちにとっては非常に楽しいレクリエーションになったので爆発的に流行したのだと思います。村の中だけで生活していく人びとが、行く先々で新しい風物に接し、また新しい知識を身につけることができましたし、男のばあいは途中の宿場で遊ぶという楽しみもありました。青梅からお伊勢参りをした講中の記録が詳しく残っているのですが、それを見ますと、だいたいそれに記録してありますのは、男ばかりなのですが、東海道を上っていく途中の宿場宿場で毎晩遊女遊びをしているのです。誰がどういう遊女と泊まったということまで詳しく書いてあります。これにはびっくりいたしましたが、これは御蔭参りではなく伊勢講の伊勢参りですが、旅行は楽しかったにちがいありません。お伊勢参りをするときは、別棟で、別火で身を清めて、講中の人に送られて出ていくのですが、その途中は毎晩そういう遊女遊びをしながら行くというようなことがごく普通だったようです。ですから男どもにとっては、毎日毎日、山や田圃で苦労をして働いておりましたので、ほんとうに楽しい日々であったと言えると思います。

そしてお伊勢さんにお参りいたしますと、下宮に稲の穂がずらっと各地から持って来てお供えしてありました。いまでも、私たちが神嘗祭《かんなめさい》のときに参詣しますと、ちょうど正門の向こう側の、私たちの入れない門の両側のところにずらっと稲の穂が茎のままぶら下げてあります。最後に天皇がお参りするときに、天皇が刈り取った稲の穂をかけるところだけが空けてあって、ほかは各地からお参りにきた人の供えた稲がかけられているのです。江戸時代には、もっと多くの人たちがお参りして、そして持参した稲を供えてあった稲と交換して持って帰りました。つまり自分の村で栽培してできた稲と、違った地方の籾とを交換してくることができる。こういう品種交換が下宮の参詣には行なわれました。つまり、お伊勢参りを通じて品種改良ということが行なわれたわけです。いまと違って、江戸時代には早稲《わせ》というようなものはありませんでした。早稲ができたのは明治以降、主として大正以降ですけれども、いまは早く田植えをいたしまして、八月の中頃には稲の花が咲いて、九月、台風の頃にはかなり水につかりましても、収穫に影響がないというような稲になってきておりますね。ところが江戸時代にはそうではありませんでしたから、天候が不良だとお米が採れませんで、たびたび飢饉が起こったのです。ですから何とかして丈夫な稲を作ろうと農民は努力をしたのです。

五　善光寺参り

この善光寺参りというのも、江戸のみならず、全国からさかんに出かけました。斎藤月岑の日記によって善光寺参りの様子をみてみましょう。

天保十一年（一八四〇）の四月七日に、月岑の母親と伯母とが久次郎、お梅、小梅町の和助を連れて信州善光寺へ出立するのを月岑は板橋まで送ります。そして十六日に、母、伯母、久次郎、今日信州善光寺へ着き候由、と書いてありますので、十日かかって、江戸から信州善光寺に着いているのです。途中、方々の宿場に泊まりながら、十日目に善光寺にお参りしています。少なくとも善光寺で一晩か二晩か泊まったでしょうから、往復で二十二、三日はかかったわけです。

それから善光寺参りに関する面白いエピソードを一つ紹介しましょう。山口県の防府というところに、田上菊舎という女性の俳人がおりまして、天明のころ、二十九歳のときに主人が早世しました。この女性は頭のいい、すぐれた女流俳人でした。未亡人になった菊舎は、再婚をいたしませんで、すぐにその年、岐阜県の大垣にまいりまして、傘狂《さんきょう》という、美濃派の俳諧の宗匠のところに弟子入りしました。その後、大垣から越前、越中、越後、それから立石寺、そして芭蕉の「奥の細道」とは逆に鉈切峠を東に越して、松島から仙台、そして日光と回りまして、そこで二ヶ月ぐらい逗留した後、江戸に出てきまして、三、四年過ごします。そして大垣、京都を通って、郷里に帰りました。一七八〇年代に、一人の女性が、このように芭蕉の「奥の細道」と逆のコースで大旅行をいたしました。そして江戸にいた間に大垣から傘狂を呼んで、句会をしばしば催しました。高松とか高知とか佐渡とか、各地から俳人を江戸に呼びまして、江戸座の句会をするというようなことをいたしました。

つまり俳諧人口というのは、芭蕉の頃から増大しまして全国的な規模で交流があったのです。芭蕉があいう旅をすることができたというのも、芭蕉を俳諧の宗匠として、各地方で歓迎したという状況があったからですが、それと同じように、この菊舎は行く先々で句会をいたしまして、歓待されながら大旅行をやっているのです。

この菊舎が金沢、富山を経て直江津まで行ったときにも、途中に親不知《おやしらず》子不知《こしらず》などという険所があるのですが、そこで見知らぬ旅中の夫妻に舟に便乗させてもらって一緒に直江津に着くのです。直江津に着きましたら、新潟のほうへ行けばいいのですけれども、直江津から今度は善光寺にお参りに行きます。そして善光寺で逗留をして、姨捨山《おばすてやま》まで行ったりして、また直江津に引き返して、新潟へ出て、立石寺を通って、鉈切峠から松島のほうに抜けるというようなことをしているのです。

こういうように、菊舎のような若い一人の未亡人が、直江津から東北への旅の途中で、わざわざ善光寺へお参りに行くというほど、善光寺は宗派を越えた霊場として、非常に重要な意味を持っていたようであります。私の祖母は九十九歳十ヶ月、あと二ヶ月で百歳になるというときに亡くなったのですが、亡くなる十年ぐらい前のことですが、私にかなりの大金を預けまして、もう自分は善光寺へお参りすることが出来なくなったから、これは是非お前が善光寺へ代参して奉納してくれと言われて、私が祖母に代わって善光寺へお参りして永代経料というのを奉納に行ったことがあります。善光寺はそういう意味で、宗派を越えた霊場でした。

六　三十三所巡り

三十三所の巡礼は、早くも平安時代から行なわれはじめたそうですが、花山天皇の頃から行なわれたという説もございます。三十三所の一番は那智の青岸渡寺です。これは熊野三山の那智の滝のすぐ近くにございます。この青岸渡寺は、私は何度もお参りしましたけれども、すぐ裏のほうは原始林のような深い林の中に有名な那智の滝がありまして、青岸渡寺からはるか海の方を見ますと、ほんとうに海の彼方が浄土であるような気持にさせられる、非常にすばらしい聖地だと思います。

御詠歌は三十三所ともできていますが、この青岸渡寺の歌は、有名な「普陀落《ふだらく》や岸打つ波は御熊野の那智のお山に響く滝つせ」というのです。三十三所というのは観音の霊場でございますが、観音さまは、お経の中に出てくる仏でありまして、インドのポータラカ（Potalaka）というところにおられるということになっています。このポータラカの音訳が普陀落であって、その霊場として有名なのが世界中に七ヶ所あります。一つはスリランカのポータラです。それから中国の普陀山、これは舟山群島にあります。ここには戦後、日本からは誰も行ったことがなかったのですが、一昨年の春、参拝することが許されましたので、浅草寺の清水谷さんが団長になり、私もさそわれましたので、同行いたしました。それと申しますのは、のちほど申します『二十四輩順拝図会』という本が東京教育大学にありまして、もう三十年以上も前のことですが、それが重要な文献だということを論文に書きましたところ、それを清水谷さんが読まれて私の研究室に来られ、それを写真に撮ったり記録をされたりしたことで、いまも非常に親しくしております。

舟山の観音霊場では戦後最初の訪問団でしたから、たいへんな歓迎を受けました。ちょっと余談になりますが、その旅のことをお話しましょう。私どもは上海に飛行機で着きまして、それから杭州、そして寧波へまいりました。この寧波は日本の遣唐使が上陸したところです。この寧波からさらに東へ行った北論港の沖合に舟山群島があります。日本の慧蕚《えがく》という人が、八五四年に渡唐し八五六年に帰国する際、五台山から立派な観音さまを日本へ持ち帰ろうといたしましたら、この舟山群島のところまできて舟がまったく動かなくなってしまいました。おそらくこれは観音さまが日本へ行きたくないのだろうと思って、観音さまを舟山の島に揚げて、そこに観音さまをお祀りするお寺をつくりました。そこが現在中国随一のすばらしい観音霊場ということになっているのです。そこへお参りしたのです。

私どもは、寧波から北論港まで車で行きました。これは中国政府が世話をしてくれたのですけれども、まだ舟山群島に参詣客が渡るというようなルートが整っておりませんので、大きな垣根を乗り越え、そして舟に板を渡してもらって怖い思いをして島に渡る船に乗りました。そうやって観音さまにお参りしました。

驚きましたのは、私が学生時代に座禅を指導してもらっていた老師が仏壇に向って礼拝をされたときの礼拝の仕方が、この舟山の老師の礼拝の仕方と全く同じだったことです。ですから、日本では、中国から渡ってまいりました仏教のうち、禅宗が最も中国の様式を忠実に伝えていると言っていいと思います。その後、天童山にお参りしましたときにも、それから天台山にお参りしたときにも、午前四時に参詣しましたが、この礼拝の仕方は全く同じでありました。つまり日本は、中国から禅宗のいろいろな行事の仕方などをそっくり受け継いでいると言っていいと思います。

話を戻しますと、そういう中国の普陀山、それからチベットのラッサにあるポタラ宮殿、これはまさしくポータラカです。それから中国東北地方（昔の満州）の普陀落寺、それから朝鮮の楽山、それから日本の那智の普陀落と日光です。日光は二荒山《ふたらさん》と言いますが、二荒というのは普陀落のことなのです。経文にありますポータラカという所は、山があり、海が開けていて、樹木が茂り、香の草が敷かれていて、そこに金剛宝石があり、その上に観音菩薩が坐っているということが書いてあります。そういうことで、山があり、海がある——日光の場合は中禅寺湖ですが——、そういう場所が普陀落の非常に重要な条件になっています。

三十三の霊場のうちで非常に古くから霊場になったのが、この那智の青岸渡寺であります。平維盛《これもり》が戦列から脱落して高野山で出家をして、そしてこの那智の青岸渡寺から普陀落渡海をするのです。これはちょっと壮絶です。日本では足摺岬、室戸岬、それから紀州の青岸渡寺の海岸、それからずっと北の金華山、このあたりから普陀落渡海をして行ったお坊さんたちが、何十人、何百人といたのです。ちょうど足摺岬も背後に山があり、そして前には太平洋がひろがっています。室戸岬もそうです。そこは観音の霊場、普陀落山なのです。もちろん紀州も金華山もそうでありまして、まだ室町時代の頃までは日本人は地球が球体であることは知りませんでしたから、海の彼方に観音さまの浄土があるというふうに考えるようになったのです。日本海側では、海の向こう側は天竺であり、震旦つまり中国であり、朝鮮であるということは、かなり古くから知られていましたが、太平洋側は行けども行けども海であって、その彼方は観音さまの浄土である、というふうに感じられたのです。それでほんとうに信仰心の厚い人が新しい舟をつくりまして、その中へ三十日分の食料や油の灯明を積み込み、舟を全部釘で留めて、この足摺とか室戸、それから紀州の青岸渡寺の下の海岸とか、金華山の海岸から、太平洋のはるか彼方の観音浄土へ生きたまま船出をして普陀落渡海をして行ったのです。三十日ぐらいしたらその人たちは海のどこかで息絶えて、観音の浄土へ往生していったのです。こういう人が何十人も何百人もいました。この普陀落渡海については清水谷孝尚氏の著『観音信仰の話』にたいへん詳しく述べられておりますので、それを御紹介いたします。

いまでも紀州には、誰が何年何月何日に、ここから普陀落渡海をしたという碑が建っておりますし、それ以外の場所でも、誰某が渡海して行ったという記録が幾つもあります。たとえば解脱《げだつ》上人の書きました『観音講式』の奥書に、阿波の国の登賀上人が、長保二年、ちょうど西暦一〇〇〇年の八月十八日に土佐の室戸から普陀落渡海をしたことが記されています。『発心集』という書物によりますと、讃岐の三位の乳母の子供が、土佐の国から渡海しました。これは足摺か室戸かということは書いてありません。それから『吾妻鏡』によれば天福元年（一二三三）三月七日、下河辺六郎という人が那智から普陀落渡海をしました。その一節にはこう書いてあります。漢文ですが読み下しにしてみましょう。「彼舟に乗り、屋形に入るの後、外より釘をもつてみな打ち付け、一つの扉無し。日月の光を見るあたはず。ただともしびをたのむべく三十カ日の程、食物並びに油等僅かに用意す。」

それから『熊野年代記』には十九人の上人と同行しました七十九名の普陀落渡海往生者があったということを記しています。とにかくこういう記録を見ますと、平安末から鎌倉時代の人が多いのです。室町時代にももちろん普陀落浄土へ渡海していきました。

そういうことで、だいぶ脱線しましたが、この三十三所は那智山から始まり、それから「父母の恵

み も深き粉川寺《こかわ》」とうたわれた粉川寺でありますとか、河内《かわち》、そして奈良、京都のあたりの霊場を巡って、それから姫路の西に書写山という山がありますが、そこが三十三所の西の端です。それから丹波の国に入り、そして天の橋立の北側の成相寺というお寺にお参りして、そして越前を回って敦賀から山越えに海津の浦に来まして、そこから琵琶湖の竹生島《ちくぶ》にお参りします。そして美濃の谷汲寺、これが三十三所の打ち上げであります。三十三所をお参りするときにも八十八ヶ所にお参りするときのようにみんな札を持ってまいりまして、その札を奉納していくのです。五十回巡礼をした、百回巡礼したという、そういう札を奉納している人が今でもかなりおられます。

七　金毘羅参り

金毘羅さまというのは、舟魂《ふなだま》さまとして舟と関係ある仕事をしている人たちは全国的に信仰したのです。北前舟の人たちも、みんな金毘羅さまを信仰しまして、舟魂さまを舟にお祀りいたしました。そして舟が安全に航行できましたら、金毘羅さまにお礼参りをしたのです。海洋交通のみならず、昔は河川交通というのが非常に大きな役割を果たしておりましたから、そういう船頭さんたちも金毘羅さまを信仰しました。

森の石松が金毘羅参りをしたという話は有名ですが、江戸からも講を組んでたくさんの人が金毘羅参りをいたしました。江戸の商人たちとか火消したちが奉納いたしました立派な銅や石の灯籠がいまも少なからず残っていて、金毘羅参りの盛んだった様子をしのばせてくれます。

八　二十四輩順拝

先ほど時間があったらお話すると申しました『二十四輩順拝図会』ですが、これは親鸞上人の聖跡巡拝を詳しく書いたものでありまして、上下二冊の柿色の表紙の立派な本です。絵がたくさん載っていまして、近江から越前、越中、越後、そして信濃、このあたりの親鸞上人の聖跡をめぐり、その途次の目ぼしい風景を精細に描いています。親鸞上人が竹の杖をさしたまま忘れたのが根づいて、その竹が茂ったけれど、全部下向きに枝が出ているさかさ竹だとか、親鸞上人の梅の木の杖が根づいて大きくなった梅だとか、いろいろなものが親鸞上人と結びつけられて名所になっているのです。これは享和年間に出版された本ですから、名所図会としては早い頃のものです。面白いのは聖地をずっと巡ってきた人が新潟へ行って精進落しをする場面で、江戸下りの浄瑠璃語りを呼んで三味線に合わせてドンチャン騒ぎをしているような絵があったり、それから臭水《くそうず》、つまり石油が出ている様子でありますとか、小千谷《おじや》縮みを馬や人が運んでいる様子でありますとか、そういう地方の特殊な生産物や風俗を記録しています。たとえば五箇荘あたりを通って行く際に見聞したコキリコ踊りという踊りの文句

黒部川河畔の茶店（『二十四輩順拝図会』より、東京都立中央図書館蔵）

やら踊りの実況が描かれていて、たいへん面白い案内書になっています。

そういう参詣案内書が他にも『伊勢参宮名所図会』『西国三十三所名所図会』『金毘羅参宮名所図会』など、この『二十四輩順拝図会』と同じような形で出版されているというような点からも、多くの人がこれを利用してお参りに出かけていったということがわかります。

このほかに、江戸の庶民たちがはるばる出かけて行った名所は、数えてみればもっともっとあるわけですが、今日は代表的なものだけをお話いたしました。

七回にわたる私の講義を大変熱心にお聴き下さいましてありがとうございました。

あとがき

本書は、一九八八年五月二十七日から七月八日まで岩波市民セミナーで「江戸庶民の生活と文化」という講演を七回にわたって行なったさいの速記録に手を入れたものです。もうすこし前の一九八四年にも、私は同じセミナーで「江戸学とは何か」という題で講演をしましたが（後に「江戸文化誌」という書名で刊行）、今回のセミナーでは、そのとき話し足りなかった江戸庶民の年中行事・生活・文化・信仰・旅を中心にスライドなどを使いながら具体的に話しました。江戸文化というのは書物や建築や書画だけではなく、むしろほとんど形に残らない――しかしそのスタイルやパターンは伝統として後世に伝わっている――庶民の生活文化・行動文化にこそその本領がある、と私は永年の研究のなかで主張してきましたので、そのことを多方面にわたって分かりやすく話したつもりです。

戦後、江戸文化の研究は飛躍的な大発展をとげました。わけても西欧やアメリカなどの海外に流出した夥しい数・量の江戸の文化品、例えば浮世絵をはじめ、あらゆる生活領域にわたる多種多様なもの、特に「刷物《すりもの》」のごとく日本にはほとんどないが欧米に大量に伝えられて大事にされているものなどが詳しく知られるようになって、江戸文化の評価はいっそう高まり、海外での研究もめざましい展開をみせています。今回は特にこのような点に留意してたくさんの新史料を使って、今までにない新しいものをいろいろ紹介いたしました。

私事にわたりますが、私は昨年八十歳になりました。それで大勢のかたがたがお祝いの会を開いて下さいました。それに合わせて私は三冊の書物を上梓しました。本書も私としては傘寿の記念の一つと考えております。たまたま、本書の刊行と時を同じくして両国に東京都の「江戸東京博物館」が開設されます。江戸の文化・社会がややもすれば軽んじられ、蔑視されさえしていた時期に、江戸文化の素晴らしさを声を大にして訴えてきた研究者としてまことに感慨無量です。

終りに、速記録を整理したり、出版のために必要な写真・スライドを手配するなど、本書が世に出るお世話をして下さった編集部の高本邦彦氏に心から御礼を申し上げます。

一九九三年二月五日

西山松之助

『江戸庶民の四季』を読む

熊倉功夫

一

江戸の庶民は実に遊び好きであった。日常の生活は決して楽なものではなかっただろうが、ハレの日には羽目をはずして遊んだ。そうした江戸時代の江戸の庶民の楽しみを、博覧強記の著者ならではの語り口で見事に描いた一冊である。

西山松之助氏（教え子の末席にある筆者としては「先生」といいたいのだが、ここは氏と呼ばせていただこう）はすばらしい記憶力の持ち主であった。氏の古稀の記念にそれまでの足跡をまとめようと弟子が聞き取りを試みた。ところが幼少時代を語り終えたところですでに一冊分の原稿ができてしまったという。それは『しぶらの里―宿場町民俗誌―』として出版された。六〇年前の、街道筋に立ち並ぶ一〇〇軒以上の家と住民の名前をすべて覚えていて、幼年期、大正初年の播州赤穂の子供の遊びから生業まで詳細に記述し、しかも細部は得意の絵で再現するという民俗誌が誕生した。

この『江戸庶民の四季』は、それから一挙に二〇〇年以上もさかのぼって、一八世紀から一九世紀の江戸の生活誌である。江戸の人びとの遊びや生活を、『しぶらの里』の中で幼少期を語ったように、まるで、追体験するかのように語りおろしている。

第一講は四季のはじめ、庶民の初春の楽しみからはじまる。初詣や歌舞伎、さらに絵暦へと話題は広がる。今も歌舞伎初春の演目といえば「寿《ことぶき》曽《そ》我対面《がのたいめん》」が定番であるが、そこから話題は曽我兄弟を背景にする「助六由縁江戸桜」へと転ずる。市川団十郎襲名の時には自ら助六の河東節《かとうぶし》連中に加わったことも、語られているように当時は酒席になると必ず河東節の一節を披露され、勧進帳の弁慶の科白とともに西山氏の十八番《おはこ》であった。初春のトピックスとして絵暦と一枚刷をとりあげたところがユニークである。絵暦は一種の謎解きともいうべき江戸特有のうがちの面白さがあって、これを解明するのが難しい。ある時期、氏が謎解きに凝っていたのを私も見ている。むずかしい謎を解くと嬉しそうに「君、こういう意味だよ」と解説してくださった。

第二講は庶民の信仰をとりあげる。寺社参詣は信仰のあらわれでもあるが庶民の楽しみでもあった。大寺や大社の参詣ばかりでなく、ご利益を願って六地蔵を巡ったり、ご開帳があれば群集した。そしてそのあとには、飲食や歓楽といった余禄がついていた。

本書の記述が生き生きとしているのは、単なる事実の羅列ではなく、当時を描く絵画資料を活用し、眼前に見るがごとくその状況を語るところにある。たとえば上野の寛永寺を描く絵巻と浅草の浅草寺を描く絵巻を用いて詳しく絵解きをしてみせる。駒形橋のあたりに舟が錯綜する様子や浅草寺雷門のことなど、『浅草寺日記』というぼう大な記録の翻刻・解読にあたった著者にしてはじめて可能な説明であろうと思える。

第三講は「風流」というタイトルで、四季おりおりの花見、月見、雪見の楽しみへと展開する。『西山松之助著作集』第八巻が「花と日本文化」であるように、こよなく花を愛した西山氏だけに、花見の文化についてはことに詳しい。しかし江戸庶民の花の楽しみは桜にとどまらず梅であり桃であり、さらに菊に及ぶ。こうした江戸人の園芸趣味は現代に通じるものがある。

第四講は「祭礼」。「生きている人間の集団生活の中では、いろいろな矛盾が鬱積します。そういう矛盾をお祭という共同体の大きな行事によって吹き飛ばしてしまう。一人ひとりの人間がそこで自己解放を経験する」のが祭礼で、その結果「日常の生活を活性化」するのだと西山氏はいう。そうした祭礼の中にこめられた庶民のエネルギーを山王祭、神田祭、三社祭などを通じて論じる。山王祭と神田祭は一年交替で、その巡行の道順が詳しく説明されていて、いかに複雑な巡行であったかがうかがえて面白い。最初に江戸城に入るのが慣例で、庶民の自己解放と将軍の権威が相交わるところが江戸の権力構造なのであろう。

第五講は「江戸名所」。名所記としては明暦四年（一六五八）に出版された『京童《きょうわらべ》』をもって嚆矢とするが、やがて東海道を下って『東海道名所記』が生まれ、『江戸名所記』が寛文二年（一六六二）に出版された。以来、『江戸名所図会』に至るまで、いろいろな江戸の名所記があらわれた。それは江戸をめざして地方からやってくる人びとのためというより、江戸に住む人びとの楽しみを目的とするものであった。名所を巡るのは風景や故事来歴を訪ねるだけでなく、趣向をこらすようになった。趣向の一つが、八つの場面にまとめる八景である。八景の原点は中国の瀟湘八景《しょうしょうはっけい》であった。これを元に日本では近江八景が作られ、その後、江戸においてもさまざまの風物や人物まで名所の八景に見立てた文学・絵画が盛んに作られた。この「見立て」という趣向こそ、江戸人の大いなる楽しみであった。

第六講は「近郊の名所巡り」。この項は次の第七講「遠方の名所巡り」とともに、江戸の庶民の旅行の楽しみを論じている。

名所を訪ねて巡る楽しみは市中にとどまらず近郊へ、さらに信濃の善光寺や伊勢参りへと拡がっていった。大山詣のような比較的短い旅でも、伊勢や信濃のような遠方への旅であればことさら、庶民にとってめったにない未知の世界との出会いであった。そのために講という団体が作られ、講に集まった人びとが資金を出し合って代表となった人が参詣に出かけるのが通例である。講中という集団であったり代参というような選ばれた少人数であったり、その形態はいろいろだったが、庶民にとっては一生に一度というような外の世界に触れる機会となった。

以上のように江戸の四季の中で、人びとがいかに楽しみ多く暮らしていたか、氏の講義は尽きない。全体を俯瞰しつつ、時には細部に深く分け入って、江戸庶民の生活を見事に描き尽くしたのがこの一書である。

二

本書の中で西山氏は何度も行動文化という言葉を使っている。行動文化という概念こそ氏が独創した注目すべき文化概念なので、もう少し詳しくみることにしよう。

行動文化とは何か。氏自身が『甦る江戸文化—人びとの暮らしの中で—』という著書で次のように説明している。長文だが次に引用しておこう。

化政期、封建社会を中から突き崩す人びとが、神社仏閣への参詣、名所を訪ね歩く旅、湯治、物見遊山、夕涼み、花見、月見、雪見、菊見、祭礼、盆踊り、縁日、開帳、見世物、茶の湯、生け花、踊り、音曲などの遊芸等々に参加し、文化的な行動をする人口が、江戸後期には莫大な数にのぼった。わけても文化・文政時代は、その極盛期に達する。私はこういう文化現象を「行動文化」という概念で把握している。（下略）それではなぜ行動文化が生まれたのか。
日本における封建的諸矛盾のひとつの典型的爆発現象は、反体制的、革命的、直接的政治行動による社会革命を敢行したのではなくて、さまざまな別の方向による自己解放の論理と、その行動原理を創案したのである。

江戸の庶民は文化を実践することで自己解放をとげ、社会の矛盾に対応してきたということになろう。その文化は、自ら行動し実践するところに特質がある。つまり成果としての作品が生まれ、それをまた観賞するような、今日でいえば芸術というような文化ではなく、自ら行動し楽しめばあとに何も残らないような文化である。行動文化は、今日風にいえば無形文化に多くは所属するジャンルの文化である。

ところで現代の文化の概念は、必ずしもこのような行動文化を文化として認めていない。たとえば過去の文化財を保存するために作られた文化財保護法という法律がある。その法律で対象となる文化は有形文化財、無形文化財および民俗文化財である。行動文化が多く属する無形文化財の規定は「演劇、音楽、工芸技術その他の無形の文化的所産」とされる。「その他」というところに含みはもたせているが、重要無形文化財として認定されているのは演劇、音楽、工芸技術であって、基本的には西欧の文化概念の移し替えにすぎない。つまり演劇という概念にあてはまるから歌舞伎も能も重要無形文化財に指定されるし、音楽の枠組みがあるから長唄も清元も同じく指定される。しかし西欧にその概念のない行動文化、たとえば茶の湯をとってみると、日本の文化財法ではどこにも該当しないから文化財指定の枠外となって、形式的に日本の伝統文化の扱いを受けないことになる。しかし茶の湯で使用する茶道具——たとえば茶碗、茶入——には、本阿弥光悦作楽茶碗銘不二山《ふじさん》はじめ志野茶碗の銘卯花墻《うのはながき》など、国宝指定また重要文化財指定のものが多数ある。茶の湯のための建築である茶室についても妙喜庵待庵《たいあん》、如庵、密庵《みったん》など三件の国宝があり、その他重文もある。これは明らかに論理的に矛盾していて、上位概念である茶の湯という文化については文化財指定の外においておきながら、その中で使用されることではじめて価値が評価される茶道具や建築物の有形文化財が国宝・重文に指定されるという逆転した文化財行政が現状行なわれている。それは日本独自の行動文化（私は、これに食文化も加えて生活文化としている）は、近代の西欧から移植してきた文化概念ではとらえきれず、正当な評価を受けてこなかった。そのことに気付いた西山氏はいち早く行動文化の概念をもって日本独自の文化を位置付けようとしたのである。

行動文化の特質は、演者と観客、あるいは作者と鑑賞者が分離される芸能、芸術ではなく、両者が一体となり、自ら演じ観賞し行動することで完成するところにある。また祭礼や物見遊山のように、自ら行動し参加するところにある。こうした文化を行動文化としてその具体相を明らかにしたのが本書であった。

三

西山松之助氏は明治四五年（一九一二）六月二八日兵庫県赤穂市東有年《ひがしうね》に生まれた。有年は西国街道の宿場町で、田舎の村ではあったが、参勤交替の大名行列も通るようなさまざまな往来があって都市の文化に接する機会もあった。氏の歌舞伎好きはこうした宿場町の幼児体験に発するものであった。

氏は姫路師範学校より東京高等師範学校へ進み、さらに東京文理科大学を昭和一五年（一九四〇）に卒業。卒業論文は「化政文化としての圧搾として観たる演劇」で、はじめは鶴屋南北をテーマにする予定だったが教官に反対されこの題目になったという。単に研究対象として歌舞伎を見るのではなく、その魅力にとらえられての研究であるから、自ら行動文化として実践するところとなった。東京教育大学の教官の時代には歌舞伎研究会を作って歌舞伎を上演し、昭和四八年には国立大劇場で市山流家元市山七十郎のもと、義経役の郡司正勝氏らとともに勧進帳の弁慶を演じた。私も観客の一人として舞台を見せてもらったがなかなか迫力ある演技で感心したのを覚えている。

西山氏の学問的業績としては本書にみるような江戸文化の研究（江戸町人、江戸ッ子の研究を含め）が挙げられるが、その前に第一に挙げるべきは『家元の研究』であろう。

西山氏は東京文理科大学卒業後、東京高等師範助教授に就任し、昭和二七年に内地留学が認められ京都大学に籍を置いた。その頃から家元研究に没頭し、京都滞在中にも藪内流の家元の史料を蒐集したのをはじめ、雅楽より虚無僧の尺八に至るまで、ぼう大な家元関係史料の蒐集を行なった。研究成果は『家元の研究』（校倉書房、昭和三四年刊）として発表され、本書をもって同三六年に文学博士の学位が授与された。

家元制度に関する唯一の総合的研究というべき『家元の研究』であるが、関連する『家元ものがたり』『現代の家元』を合わせての家元研究三部作は今だに他の追随を許さぬ業績である。その中で特に注目されるのは、家元が高弟に対してすべての伝授権を相伝する「完全相伝制」から、最終伝授権を家元が保留する「不完全相伝制」へと一八世紀ごろに移行し、いわゆる家元制度が完成したとする独自の理論を展開したことである。

西山氏の江戸研究と家元研究の二本柱の周辺にはさまざまの芸能研究が広がるが、晩年最も力を入れたのが茶杓の研究であった。昭和三六年、夫人を胃癌で失ない、寂しさをまぎらわすことからはじめられたのではないかと私は想像しているが、茶杓を削りはじめた。いうまでもなく茶杓は茶道具の一つで抹茶をすくう竹ベラである。古来、千利休が削った茶杓をはじめ著名な茶人の手造りの茶杓が大切に今も保存され、又使われている。氏は自ら削るだけでなく、こうした古典的な茶杓の調査にのりだし、名品の調査に日本全国を飛び廻ることになる。

私事にわたるが、ある日先生のお家を訪ねると、一本の自作の茶杓を持ち出され、「疑問に思っていることがある。古い茶杓の中に見事な艶を持つものがあって、拭き漆をしたものだというが、私は使っているうちに艶が出るのではないかと思って、この茶杓を羽二重の布で磨いているがまだ艶が出ない。君はどう思うか」という。「それでしたら百万回磨いて、銘を百万遍にしては如何でしょう」と答えたら「それは面白い。やってみよう」と、その後電車にのっても会議中でも一心不乱に磨いてついに百万回に到達。艶も出たと喜んでおられた。ことほど左様に、これと思うと火の玉のように無我夢中になってことに当る。それが氏の生き方であった。それは若き日に禅に打ちこんだ経験から生まれたものかもしれない。

結果として『茶杓百選』『茶杓をつくる』『茶杓探訪』の三冊の本ができた。

西山氏は実に器用な方で書も絵もすばらしく、自作の茶杓に、自ら筆をふるって絵を描き由来を書いた茶杓記を添え、さらに後半生の伴侶となった人間国宝古賀フミさんの嵯峨錦の袋までつけ、日本橋三越で茶杓展を開くことも再三あった。これは氏が自ら実践した行動文化である。

研究に遊びに、それぞれ徹底した方であるが、もう一つ欠くことのできない功績がある。それは教育者としての側面である。私が先生の院生であったころは、先輩たちが就職難で、皆高校教諭をしながら研究を続けるケースが多かった。ともすれば教員の仕事に時間を取られる教え子を叱咤激励し、毎年八ヶ岳で合宿して研究の進展を督励した。その指導は苛烈を極めたという。その結果、そのメンバーの多くは学位を取得し大学に就職していった。

氏は平成二四年（二〇一二）一月八日に満九九歳で亡くなった。もう半年で一〇〇歳。その蔵書や資料は生れ故郷の赤穂市に寄贈された。その資料を活用して二〇二二年九月に姫路文学館で特別展「没後一〇年、西山松之助展─ある文人歴史家と江戸学の軌跡─」という好企画が開催され、その一生を回顧できたことを申し添えておこう。

（国立民族学博物館名誉教授・ＭＩＨＯ　ＭＵＳＥＵＭ館長）

本書の原本は、一九九三年に岩波書店より刊行されました。

著者略歴
一九一二年　兵庫県に生まれる
一九四〇年　東京文理科大学国史学科卒業
東京教育大学教授、成城大学教授などを歴任
文学博士
二〇一二年　没

〔主要著書〕
『家元の研究』（校倉書房、一九五九年）、『江戸ッ子』（吉川弘文館、一九八〇年、再刊二〇〇六年）、『江戸学入門』（筑摩書房、一九八一年）、『西山松之助著作集』（全八巻、吉川弘文館、一九八二～八七年）、『江戸文化誌』（岩波書店、一九八七年、再刊二〇〇六年）、『甦る江戸文化』（日本放送出版協会、一九九二年）

読みなおす日本史

江戸庶民の四季
二〇二四年（令和六）一月一日　第一刷発行
著　者　西《にし》山《やま》松《まつ》之《の》助《すけ》
発行者　吉川道郎
発行所　株式会社 吉川弘文館
郵便番号一一三―〇〇三三
東京都文京区本郷七丁目二番八号
電話〇三―三八一三―九一五一〈代表〉
振替口座〇〇一〇〇―五―二四四
http://www.yoshikawa-k.co.jp/
組版＝株式会社キャップス
印刷＝藤原印刷株式会社
製本＝ナショナル製本協同組合
装幀＝渡邉雄哉

ISBN978-4-642-07532-9

刊行のことば

現代社会では、膨大な数の新刊図書が日々書店に並んでいます。昨今の電子書籍を含めますと、一人の読者が書名すら目にすることができないほどとなっています。ましてや、数年以前に刊行された本は書店の店頭に並ぶことも少なく、良書でありながらめぐり会うことのできない例は、日常的なことになっています。

人文書、とりわけ小社が専門とする歴史書におきましても、広く学界共通の財産として参照されるべきものとなっているにもかかわらず、その多くが現在では市場に出回らず入手、講読に時間と手間がかかるようになってしまっています。歴史の面白さを伝える図書を、読者の手元に届けることができないことは、歴史書出版の一翼を担う小社としても遺憾とするところです。

そこで、良書の発掘を通して、読者と図書をめぐる豊かな関係に寄与すべく、シリーズ「読みなおす日本史」を刊行いたします。本シリーズは、既刊の日本史関係書のなかから、研究の進展に今も寄与し続けているとともに、現在も広く読者に訴える力を有している良書を精選し順次定期的に刊行するものです。これらの知の文化遺産が、ゆるぎない視点からことの本質を説き続ける、確かな水先案内として迎えられることを切に願ってやみません。

二〇一二年四月

吉川弘文館

読みなおす日本史

鎌倉幕府の転換点 『吾妻鏡』を読みなおす
永井 晋著 二二〇〇円

奈良の寺々 古建築の見かた
太田博太郎著 二二〇〇円

日本の神話を考える
上田正昭著 二二〇〇円

信長と家康の軍事同盟 利害と戦略の二十一年
谷口克広著 二二〇〇円

軍需物資から見た戦国合戦
盛本昌広著 二二〇〇円

武蔵の武士団 その成立と故地を探る
安田元久著 二二〇〇円

天皇家と源氏 臣籍降下の皇族たち
奥富敬之著 二二〇〇円

卑弥呼の時代
吉田 晶著 二二〇〇円

皇紀・万博・オリンピック 皇室ブランドと経済発展
古川隆久著 二二〇〇円

日本の宗教 日本史・倫理社会の理解に
村上重良著 二二〇〇円

戦国仏教 中世社会と日蓮宗
湯浅治久著 二二〇〇円

伊達政宗の素顔 筆まめ戦国大名の生涯
佐藤憲一著 二二〇〇円

武士の原像 都大路の暗殺者たち
関 幸彦著 二二〇〇円

海からみた日本の古代
門田誠一著 二二〇〇円

鳴動する中世 怪音と地鳴りの日本史
笹本正治著 二二〇〇円

本能寺の変の首謀者はだれか 信長と光秀、そして斎藤利三
桐野作人著 二二〇〇円

餅と日本人 「餅正月」と「餅なし正月」の民俗文化論
安室 知著 二四〇〇円

古代日本語発掘
築島 裕著 二二〇〇円

夢語り・夢解きの中世
酒井紀美著 二二〇〇円

食の文化史
大塚 滋著 二二〇〇円

後醍醐天皇と建武政権
伊藤喜良著 二二〇〇円

南北朝の宮廷誌 二条良基の仮名日記
小川剛生著 二二〇〇円